父母教练 | Parenting
推动摇篮的手推动世界

每个孩子都是天才

如何发现和鼓励孩子的天赋才能

[澳]安德烈·福勒 著

莫银丽 赵静 译

长江出版传媒
长江少年儿童出版社

目 录
CONTENTS

父母最该对孩子说的话 5
引 言 7

第一章　培养天才——父母的责任 12
第二章　天才的大脑 31
第三章　识别孩子的天赋 49
第四章　提升专注力 57
第五章　鼓励高效思维 83
第六章　教孩子做计划 113
第七章　培养决策技巧 129
第八章　动力、恒心和毅力 143
第九章　建立积极进取的思维模式——天才心理学 157
第十章　想象力、创造力和解决问题的能力 170
第十一章　整理信息的技能 189
第十二章　提高记忆力和学习力 202
第十三章　通过练习提升能力 224
第十四章　激活天才大脑 237
第十五章　形成家庭惯例 250
第十六章　天才在于行动 257

致 谢 266

你如果想要你的孩子聪明，就给他们讲故事。你如果想要你的孩子拥有智慧，就给他们讲更多的故事。

——阿尔伯特·爱因斯坦

谨以此言送给全天下的爸爸妈妈、爷爷奶奶及叔叔阿姨，也许你们还没有意识到自己才是孩子最重要的老师。

父母最该对孩子说的话

你本身就是一个传奇。你拥有天才的大脑。想想这个世界上你认为最聪明的那些人,其实你也具备同样的潜力,你和他们一样聪明、能干、有创意。

然而,你不能仅仅依赖自己的大脑,你还需要努力,而且要一直努力。你不可能成功地通过每一次考试、赢得每一场比赛、被每一支球队选中,你需要学习、实践、不断完善自我。

你不必在所做的每一件事情上都获得成功。事实上,你犯的错误、做的错事,以及经历的失败都会让你增长智慧。

有时候,你会想放弃自己想做的事情,这些时刻其实是对你的考验。你需要一直前进,找到你内心的力量。这种力量一直都在,只是需要你自己去寻找和发现。

你认为有些事情太难了，自己做不到。你会忍不住有这样的想法——不做总比失败强。这通常是因为你的大脑过于焦虑，它想让你打退堂鼓。

你如果真的想做某事或者这件事对你确实很重要，就不要让你的大脑阻碍你的行动。大胆去做，即使前一两次尝试没能达成预期目标，下一次你尝试时也会离目标更近。

学习本身是一件妙不可言的事情。你要试着找一些方法去发现学习的乐趣，即使是学习无聊的二进制，也一定可以让它变得有趣。如果你身边处处是奇妙的想法、经典的著作、生动的艺术、精彩的电影和深刻的谈话，你的大脑就会给你意想不到的惊喜。

大多数时候，你对所学的事物产生兴趣并非难事，但是有些时候，坚持下去的唯一方法是挑战自己，看看自己究竟能记住或理解多少。

无论你将来是成功还是失败，请一定记住，我都一样爱你。我希望你拥有精彩的人生，因为我知道你有能力去实现。

我会一直爱你，信任你！

引 言
INTRODUCTION

> 孩子不是一个需要你灌水的瓶子，而是一团等着你点燃的火焰。
>
> ——弗朗索瓦·拉伯雷

在生活着澳大利亚土著的广袤沙漠里，火起着关键作用。随着潮湿季节的临近，黑云翻滚，压顶而来，夜空中雷声隆隆，闪电划破天际，从地平线的一处闪耀到另一处。在这些绚烂而潮湿的夜晚，闪电先生欢快地跳着舞。

据拉若基亚族中一位名叫比拉瓦哈的长者所言，火的产生和延续对她的族人一直都十分重要。生火需要耐心和努力。有时候火是从闪电中获得的，它被看作是雷电兄弟赐予的礼物。这份礼物一定不能被浪费，所以人们把这发光的火把从一个营地传到另一个营地，也把火苗从一处传到另一处。

这些仪式也可以用来比作释放孩子的天赋。父母可以通过和孩子一起探索世界来培养孩子的好奇心和能力，在可能的时候传递天才的火花。一开始激发孩子的天赋虽然耗时，但并不难。追随孩子的兴趣，观察他们的闪光点，鼓励他们努力坚持并获取力量，这些都能让他们保持好奇心。

然而，我们常常发现，当孩子进入童年中期，他们身上最初燃烧的十分明亮的天赋火焰开始摇摇曳曳，甚至有熄灭的危险。一旦出现这种情况，孩子就会渐渐变得暗淡无光，他们开始害怕尝试新事物，总是担心犯错。令人遗憾的是，他们对自己能力的认识，以及对自己的认识都受到了阻碍。

在这个时候，父母点亮孩子智慧火花的力量显得尤为重要。幸运的是，父母拥有一座触手可及的顶级实验室来开启孩子的天赋，它就是我们生存的这个世界。父母和孩子一起在大自然里探索、创造、玩耍，能够帮助孩子拓展思维；父母和孩子一起兴奋、惊讶、好奇，点亮的火花会照亮孩子一生。这是给孩子多么珍贵的礼物！

这本书的目的是帮助你培养你的孩子，从而促使他们去发现自己的潜力。每一个孩子所拥有的才能和天赋都远远超出他自己和我们的想象。这是一本关于如何开启孩子潜力的书，写这本书不是为了拔苗助长、催促孩子不停奔跑，也不是过分保护孩子或者为了帮助他们在学校跳级；而是为了帮助父母有目的地培养孩子，让孩子的天赋永葆生机。这本书同时也能指导父母帮助孩子发展并形成自己独有的创造力和想象力。你在阅读接下来的章节时会发现，书中更多谈到的是玩耍、乐趣和探索，而非学习。努力学习固然重要，但是当我们把其中的一部分转化成游戏时，成功的可能性会更大。

就在前些年，我们还认为人的大脑在8岁左右就会停止发育，但现代神经科学已经证实这个观点是不可信的，就像以前的人认为地球是平的一样不科学。"智力是天生的，后天无法改变"的观点同样被现代神经科学推翻了。

令问题更加复杂的是，我们当前对于"天赋"这个术语的理解也摇摆不定。中世纪以前，天赋被看作所有人与生俱来的智慧火花或求知欲。自中世纪起，这个术语渐渐被用来形容一小部分拥有高水平才能的精英，而我们这些"非天才"则围坐在他们四周，一边摆弄手指，一边等着那些聪明人给出答案。

其实你不需要花费太长时间和那些所谓的天才待在一起，就会意识到他们也有无知和愚昧之处。同样，你也不需要花很长时间，就能从那些被认为不怎么聪明的孩子身上发现他们非凡的创造力和才能。

每个孩子都能通过培养技能、增长知识让自身的天赋发挥积极作用。在接下来的章节中，我将给父母们介绍可以帮助孩子发展的技能，这些技能将适用于孩子的兴趣和热情所引导的任何方向。

要想开启一个人的天赋，自觉、专注力、决策力、想象力、动力、决心、记忆力及创造力都是必备的基本技能。

只有当你花时间去计划、丰富、探索并帮助孩子发现他们的闪光点时，他们的天赋才会被开启。在一个要求孩子多学少玩的世界里，我们需要帮助他们多玩耍、多思考、多分析，最重要的是帮助他们拥有远大的理想。

在思考父母可以做什么来点亮孩子身上的智慧火花时，我们不仅要把父母比作澳大利亚土著的火种保卫者，还需要借助昔日著名的半杯水理念。

父母的观点非常重要。在下一页的图中你看到了什么？乐观主义者看到杯子里有半杯水，悲观主义者看到杯子里已经空了一半，而机会主义者会把水喝掉。

在观察过很多年轻人后,我知道对于杯子空出的上半部分,我们几乎无能为力,而父母所能做的就是去发现孩子的杯子里装的是什么,从而帮助他们增加杯子里的内容。无论你把它看作电池里的电、肚子里的火、心中的热情还是油箱里的汽油,关键是你需要获得力量去增加它。

如果你采纳本书的观点,你可能会和大部分父母背道而驰。我们生活在这样一个世界:电视屏幕变得更大,而孩子变得更胖、更焦虑、更胆怯、更不开心。学校根据孩子在读写、计算和科学方面的成绩给他们排名,而不是依据可以预测天赋的关键因素,比如努力、决心、想象力以及不怕犯错并继续前进的心态。学校的评估完全没有考虑日后对孩子学习能力十分重要的一些技能,如积极的人际关系、辨别相似和不同的能力、记笔记的能力、给出及利用反馈信息的能力。

这本书不适合匆匆读完或者一次性看完,请慢慢阅读,慢慢消化。书中有些内容可以直接实践,这会对发掘孩子的天赋产生即时的影响,还有些长期计划需要时日来显现它们的魔法。

举个例子，帮助孩子成长最有效的方法之一就是给他们机会去体验各种各样的事情。请参照列在第二章末尾的一系列活动，制订一个你计划和孩子在接下来几个月要完成的活动清单。你可以立即体验的其他活动也已经在第十四章（激活天才大脑）和第十五章（形成家庭惯例）中列举出来了。

在大部分章节的结尾，我都列举了适合孩子体验、游戏和活动的方法来吸引和激励孩子，从而帮助孩子开启他们潜在的天赋。浏览清单上的这些方法，标记出你和孩子已经做过的一些活动，圈出那些你计划在未来几个月要做的事情。

长期计划虽然很费时间，但父母们不必望而却步。培养创造力、发展独创性、滋养性格，这些都是一生的课题。如果你愿意帮助孩子开启天赋，并且能持之以恒，就请一次阅读一个章节，然后认真思考可以通过哪些尝试为自己和孩子创造机会。记住龟兔赛跑的寓意——慢而稳反而能赢得最终的胜利。

祝你们玩得开心，好运常伴！

安德烈·福勒

> **!** 请注意，当我在本书中使用"父母"一词时，我指的是任何一位抚养或照顾孩子的成年人——父母、祖父母、阿姨、叔叔或其他看护者。

第一章
培养天才——父母的责任

> 老师问一个小男孩为什么上学迟到，小男孩回答："因为地面太湿滑，我每往前走一步都会向后滑两步。"老师不满地继续问："那你是怎么到学校的？"男孩答道："我转过身往家的方向走，最后才到这儿的。"

我们的孩子都是天才，你可能没有意识到这一点，他们自己应该也没有意识到。但是我们的孩子是人类发展迄今为止最聪明的一代，他们是人类的最新"升级版"。

现在孩子的聪明程度比 1950 年的同龄人高很多。自 20 世纪以来，人类的平均智力水平每十年会提高 3 分。这个趋势一直在持续，甚至可能会加快。

如今我们应用大量科技，比如笔记本电脑、智能手机、互联网等来发挥智力优势，提高智力水平。这种转变意味着智力发展呈爆炸式增长。据估计，我们现在每天处理的信息量比 1986 年多五倍以上。

这种智力的增长是在不掺杂任何有目的的干预下实现的。试想一下，如果我们主动培养孩子的聪明劲儿而不是被动地等着他们如同春天的树叶一样自我生长，我们会有什么样的收获呢？

相比于其他任何历史阶段，21 世纪的天才和文艺复兴时代多才多艺的艺术家最为相似。今天的天才是思维的编织者，他们能够从多种渠道获得知识，采用巧妙的方法整合知识，并且在多种情境中灵活地运用知识。

■ 父母才是孩子最重要的老师

不要只依赖学校去帮助孩子开启天赋，父母才是他们的第一任老师，也是最重要的老师。

尽管老师和学校为孩子付出了最大努力，但是老师面对的是全校的学生，学校又受各种规章制度和资金预算的束缚，还有些教育机构可能无法及时将新的教学研究和教学手段应用到课堂中。如果父母和老师一起努力帮助孩子发展才能、培养兴趣、发挥热情、提高专注力，孩子的各项能力肯定会突飞猛进。

按一天时间来算，孩子在学校的时间大约占 25%，睡觉的时间比在学校的时间多，占 33%，剩余 42% 的时间几乎都待在家，而且是保持清醒状态地闲逛、玩耍、探索。恰恰是他们在家里这段时间的所作所为会对他们日后的发展起到至关重要的作用。

最有能力开启孩子天赋的，正是陪他们玩耍，和他们度过最长时间，同时也最爱他们的人，而那个人就是你。

孩子未来主要的学习应该不是在学校完成。据估计，2030年会出现的大部分工作现在还不存在，更何况知识量每隔三年就会翻一番。曾经有人预测，50年前一个高中生毕业时可以掌握他未来在职业生涯中所需知识的75%，这样算来，今天的高中毕业生只能学会未来所需知识的2%。

想为孩子当前和未来的成功做准备，我们需要帮助他们成为有学习能力和学习兴趣的人。

我们的孩子需要具备创造力去思考、解决那些我们还未想过，更别提遇到过的问题。这意味着我们要好好考虑如何培育下一代，他们不仅需要深刻思考重大问题，还要能够从容应对这个变化着的世界。

21世纪的天才很有可能需要从多个来源获取智慧，而不仅仅是信息。他们还要有能力融会贯通，采用新方法整合资源，然后将这些想法和解决方案应用于未知的新挑战。

■ 灯亮着，可家里没人

观察幼童学习，你会发现他们有用不完的精力、无穷尽的求知欲。他们探究一切事物，能够发现毫无关联的事物之间的联系，可以把房子翻个底朝天，因而总是让父母精疲力竭。

孩子的求知欲在上学前就形成了。例如，一个4岁的孩子在家里平均每两分钟就会问一个为什么，可是同一个孩子在幼儿园问的问题会少很多——大约每小时只问两到三个问题。

现在，我们让时间快进到中学时期。我们看到很多青少年趴在桌子上，百无聊赖，无精打采。他们不打算尝试任何新事物，以免做错被同学嘲笑。更糟糕的是，一些孩子甚至隐藏起他们的天赋，原因是他们不想因为自己太聪明而被朋友疏远。

我们向小学生和中学生提出下面的问题：有17只羊和3头狼在一起，问牧羊人的年龄是多少？大多数一年级的孩子回答："谁知道呢？"令人沮丧的是，多数中学生的回答是"20岁"。不知道为什么，他们已经停止思考了。

在小学中期，孩子的求知欲会急剧下降，有的孩子甚至在幼儿园阶段就表现出求知欲下降的迹象，比如小女孩经常说数学对男生比对女生重要。

这些小脑袋里到底发生了什么？天生的好奇心日渐暗淡，想象力受到限制。孩子的创造力已经在我们急于把人分出等级时被扼杀了。纵观历史，人类似乎一直都坚决要把人区分出三六九等，非要排出个名次。人类社会似乎一直在玩"谁最棒"的游戏。这个游戏在部落社会角逐赛跑冠军、最佳猎手或者最优秀厨师的时候管用，但对于现代社会来说，玩这种排名游戏的代价实在太大。

孩子们早就意识到这个排名体系的存在，不仅大人给他们排名次，他们自己也会相互比较。渐渐地，孩子们变得越来越在乎周围大人的想法。

这就是为什么一个求知欲强的孩子很容易变成一个厌学的人。一些孩子认为，做个普通人、和朋友融洽相处是更好的选择；一些孩子习惯于学习是为了获得奖励，以至于体会不到学习本身的乐趣；还有一部分孩子认定他们永远也无法在学校取得成功。

排名和比较的代价是孩子智力受限、求知欲锐减、不再热衷于提问、才华日益暗淡、内在天赋逐渐被埋没。孩子有可能因为不停被比较而变得越来越小心翼翼、焦虑不安。

随着年龄的增长，孩子的逻辑思维能力和对后果的觉察能力日益增强，这些能力本该转化为想象力，结果却变成了焦虑。

如果你认为担任孩子人生中最重要的老师责任太大，令你却步，请不必太过紧张。其实很简单，你只要清楚自己为人父母的使命就好，不过，大部分父母对这一点没有清楚的认识。有计划地让孩子多一些体验，让他们多接触一些故事、画面、创意和技能，会帮助孩子发掘自己潜在的才能。这些事情本身并不难办，但需要父母制订一个计划。

这本书会给出计划。你不需要知道所有的答案，但是必须有足够的勇气、用积极的方式去开启孩子的天赋。

■ 丢掉一些疯狂的想法

父母作为孩子最重要的老师，给自己的大脑进行一次"春季大扫除"很重要。是时候清除一些你可能无意中获得的关于培养天才的疯狂想法了。

智力是无法改变的

孩子们在学校学到的标准答案是唯一的,而且只有老师才知道附在书后的正确答案。身为作家、演讲家的肯·罗宾逊先生认为大部分孩子都是天才,但是学校和社会共同压制了孩子的天赋才能。有关发散性思维(一种创造性思维,如思考鸡毛掸子有多少种用途)的研究证明,年幼的孩子能够天马行空地想出很多鸡毛掸子的用法,然而这种能力在上学期间会逐步下降。我们从一个充满多元答案的世界走向一个只有唯一正确答案的世界,在这个过程中,我们关闭了思考的大门。问题是,我们能做些什么来将门重新打开呢?

很多人认为他们的智力是从娘胎带来的,喜不喜欢都得接受,甚至我们的孩子也会这样想,但事实并非如此。智力不是一成不变的,它会随着你的一生而改变。现在的孩子正变得越来越聪明,平均智商每十年就会有提升。

相比于十年前,我们现在更清楚大脑是如何学习的。我们所掌握的有关神经可塑性(大脑用来自我生成)以及髓鞘化(让我们思考得更快更有效率)这两个过程的知识改变了我们对大脑发育的理解。人的各种经历和实践可以推动这些进程的发展,因此,如果我们让孩子多些体验,就能帮助他们变得更加聪明。

这就是为什么现在的学校不应该与我们多年前就读的学校一样。这也是为什么除了老师,父母同样应该是孩子大脑的"神经建筑师"。

这并不意味着父母要拔苗助长,催促孩子超前学习,也不是迫使孩子成为最快的阅读者、最年轻的作家、最熟练的计算师。相反,要给孩子发现学习乐趣的机会。

作为父母,激发孩子的好奇心要比给一个封闭的人脑反复灌输信息有成就得多。拓展孩子的思维很重要,但绝不是让孩子超前学习。

我们的孩子一直认为
他们不能变得更聪明吗？

※

如果你的孩子表现出以下任何一种迹象，那就说明他们可能不理解为什么自己能够变得更聪明：

- 不愿尝试新事物；
- 一犯错就放弃；
- 认为提升自己的唯一方法是让他人自惭形秽；
- 担心、害怕犯错。

你周围有没有这样的人呢？或许你自己就是这样的。即使出现上述现象也不足为奇，如今的社会似乎正把人们引入一种歧途，总是让人们忘记自己实际上是多么聪明。

天赋和创造力仅仅为少数人所有

多数人接受的教育让他们相信天赋和创造力是别人拥有的东西。很多人认为有创造力的人天生就有特殊的天赋，他们错误地下结论，觉得自己不是那些幸运儿。

传统上，天赋被视为每个人都拥有的一种指导精神。直到14世纪，人们才开始把天赋看作少数幸运儿才具备的罕见品质。这种态度的转变使得"天才"成了我们大部分人不敢奢望加入的专属俱乐部，然而，这并不正确。

很多有杰出成就的人并不是像达·芬奇一样的全才或者在学校表现得特别优秀。许多人在他们的职业生涯中也只拥有几次辉煌的瞬间。那些被贴上天才标签的人,有的在他们一生中获得过众多荣誉(如毕加索、霍金、鲁道夫·努里耶夫、玛戈特·芳婷、比尔·盖茨、乔布斯),但是也有很多人要么被解雇,要么被遗忘:这其中不仅有大画家凡·高、心脏起搏器的发明者马克·里德威勒、发明 Wi-Fi 的约翰·奥沙利文,还有研发了超声波的澳大利亚联邦科学与工业研究组织(CSIRO)的科学家们。

所有伟大的成就都是从简单的事情开始。许多想法和观念都是随着时间的过去而日趋完善。贝多芬的交响曲始于钢琴上的几个简单音符,而莎士比亚更是花了很长时间才完成他的大作《哈姆雷特》里的故事情节。

"如果伟大的成就都始于简单,我恰好是一个相当简单的人,那么我也有可能取得伟大的成就。"这样想的话会好得多。

 **犯错不好**

没有人在第一次尝试时就能完美演绎《欢乐颂》。人都是在错误中慢慢摸索,不断前进。

事实上,从不犯错的人也不可能成为天才。要把事情做好就免不了犯错。创新和发现的过程就是试错的过程,只有错了才会重新改进、完善,直到成功。

 **天才的父母一定也是天才**

培养天才,你自己无须聪明绝顶。我们所认可的天才中大多数来自十分

普通的家庭，他们的父母并不出名。但是这些父母都有一些共性：热衷于学习、提高、成长，也鼓励孩子做同样的事情。

- 本杰明·富兰克林来自一个制作蜡烛的家庭。
- 林肯出生于只有一间卧室的小屋，父母均未受过教育。
- 华特·迪士尼的父亲贫困潦倒，经常身无分文。
- 奥普拉·温弗瑞出生于极度贫困的家庭。

无论你是否认为这些人是天才，可以肯定的是成功并不需要天才背景。所以，即使你觉得自己平庸，你的孩子也可能卓尔不群。

争得第一的孩子会做得最好

这完全是胡扯！如今，我们把孩子的童年当成了一场赛跑。大家认为最先识字、跑得最快、画得最好的孩子注定是最有可能成功的，其实不然。大部分神童长大后并没有成为天才，他们甚至都没能成为某一领域的专家。

事实证明：年龄稍大后表现优秀的孩子比过早奔向终点的孩子更有可能在未来取得成功。上学时年龄略长于其他同学，这会成为日后孩子学习生涯的一大优势。

学校的成功等同于生活中的成功

是否成功不能仅靠学校的分数来衡量。分数固然重要，但是更重要的是你的孩子对学习的兴趣。我们生活在一个日新月异的时代，今天参加工作的毕业生很可能在职业生涯中换六次工作。成功不仅仅与学校里的考试分数有关，更与孩子对学习的态度和兴趣有关。

学校的考试分数和未来的成功之间并没有必然联系。有句俗语是这样说的：别在高中达到巅峰！要知道大多数百万富翁在学校时都是表现平平的普通学生，而且很多诺贝尔奖得主在学校的成绩甚至可以用糟糕来形容。

在学校表现突出
并不意味着你是个天才

※

很多被我们视为天才的人在学校表现并不优秀：

- 牛顿在学校表现得很差劲；
- 爱因斯坦入学考试时，数学不及格；
- 丘吉尔中学时曾留过一级；
- 爱迪生数学不好，阅读也差，只接受了3个月的正规教育。

不少杰出的人很早就离开了学校：

- 戴维·卡普，Tumblr（轻博客）创始人，15岁辍学；
- 雷·克拉克，麦当劳创始人，15岁辍学；
- 弗朗索瓦·皮诺，法国最富裕的商人之一，11岁辍学；
- 昆汀·塔伦蒂诺，电影导演，15岁辍学；
- 维达·沙宣，理发师和商人，14岁辍学；
- 查尔斯·狄更斯，作家，12岁辍学；
- 可可·香奈儿，设计师及香奈儿品牌创始人，18岁辍学；
- 彼得·杰克逊，电影导演，16岁辍学；

- 本杰明·富兰克林，政治家，10岁辍学；
- 阿尔伯特·爱因斯坦，物理学家，15岁辍学；
- 华特·迪士尼，娱乐大亨，16岁辍学；
- 理查德·布兰森，商人，16岁辍学；
- 查尔斯·马克拉斯爵士，音乐指挥家，15岁辍学；
- 迈克尔·麦克休法官，高等法院法官，15岁辍学；
- 凯西·列特，作家，15岁辍学；
- 保罗·基廷，澳大利亚前总理，14岁辍学；
- 林赛·福克斯，货运大亨，16岁辍学；
- 汤姆·波特，鹰孩比萨（澳大利亚第三大比萨连锁店）创始人，15岁辍学。

还有很多杰出的人没有完成高等学业，这其中包括我们熟悉的比尔·盖茨、乔布斯、菲茨杰拉德和扎克伯格。

有创造力的人虽然在学校表现不佳，但是在自己感兴趣的领域如鱼得水。所以，经历一些挫折可能有助于天赋的发展。常言道：磨砺出珍珠。

负责任的父母会帮助孩子解决问题

> 家庭教育的黄金定律是：想让孩子独立完成的事，请父母千万不要代劳。

很多父母认为养育子女的过程就是像修理工解决各种问题的过程，但是忙着替孩子解决难题永远不能让他们学会自立。你最好从现在开始就认真思考如何帮助他们变得强大，帮助他们成为自己命运的创造者。

儿童成长领域的专家们一致认为：挑战促进成长。当孩子遇到他们之前从未遇到过的难题时，当他们冒出与他们生活的世界格格不入的想法时，当他们的脑海里萌发出之前不曾有过的新观点时，便是他们智力成长的时候。

一个自我延伸、接受新思想的头脑，永远不会回到原来的模样。作为父母，你的任务不是替孩子解决难题，而是应该满怀对孩子的爱、支持与鼓励向他们提出问题，并且为他们提供尝试新事物的机会。

让孩子自己解决难题有利于他们的大脑发育。永远支持孩子，鼓励他们，为他们喝彩，切记不要为他们解决每一个难题。从长远来看，溺爱孩子，迎合他们的每一个想法，允许他们回避那些让他们感到焦虑的事情，或者为他们精挑细选出适合他们做的事情，反而对他们的成长没有任何益处。父母冲到学校替孩子解决朋友之间的矛盾或者帮孩子避免任何挫折，这传达给孩子的信息是父母并不相信他们具备自行处理问题的能力。

爱他们，支持他们，永远不变地守候他们，始终寻找机会帮他们树立对自我能力的信心。孩子的铅笔断了，不用帮他们削好，你只需告诉他们削笔刀在哪里，该怎么用。

想想孩子初学走路时，你看着他们一步步跌跌撞撞，却不会替他清除路上的每一个障碍。多数情况下，你只是在他们身边待着，看着他们费劲地从一个房间走到另一个房间，保证他们在学步过程中不受伤。

你当时所使用的育儿智慧，正是你应该用来发掘他们天赋的智慧。为孩子自己走路做好准备，而不要为孩子准备好要走的路。

人人都值得表扬

我听说有一位家长在给她8岁女儿的朋友们发出生日邀请时，还要求来参加的人给她的小儿子也带一份礼物，可这压根儿不是小弟弟的生日会。

每个人都应该收到一份礼物，这种观点对孩子的天赋培养十分有害。无论是每个人都有礼物的传包裹游戏，还是人人都有参与奖的体育比赛，都要尽量远离。

生活中，不是人人都能得到礼物。一年中，你只有一天是小寿星。跑步比赛中，你也不可能每次都跑第一，如果你期望每次都得第一，那么一旦你输掉比赛，你可能就再也不想跑步了。

每次试着做某事都期望和依赖表扬、奖品和奖章的孩子，一旦失去奖励，就会放弃尝试。举个例子，研究表明，在孩子刚学会读书时就给他们类似贴纸这样的奖励，很有可能让孩子享受不到读书本身带来的乐趣。

仅仅抱着试一试的心态是不够的。成功和天赋还需要忍受挫折，坚持不懈。努力和毅力是成功不可或缺的品质。

现代社会有益于天才的成长

生活在这个时代，我们总是在压缩孩子玩耍、探索和好奇的时间。我们不给孩子机会去接触聪明的人和聪明的想法；相反，我们让他们追星、追逐流行文化。

开启孩子的天赋还需要我们从喧嚣的生活中抽身。悲哀的是，用来探索、欣赏、想象、思考、创新的时间，以及最重要的玩耍时间在这个世界变得日渐稀少。为了改变这个现状，你可能要与你周围家庭的做法背道而驰。你必须放弃大家都很熟悉的常规路径，开辟属于自己的道路去培养孩子的天赋。

 ## 我们应该只教孩子基础知识

从你的童年到你孩子的童年,这个世界已经发生了不可逆转的巨大变化。1995年至今,这种变化就像当初从黑暗时代到文艺复兴时代的巨变。现在许多孩子已经很难想象没有电子传输、社交媒体、互联网的世界。

一些成年人对于新兴事物总是持谨慎态度。虽然阅读、写作和计算一直都是重要的技能,但在当今世界,培养天才还需要一系列新的思维技能。

把适用于孩子的研究和机遇拒之门外,就像去看医生时听到他们说:"我听说过那些新的筛查试验,但是对研究它们不感兴趣。"

信息化世界的出现为我们带来了很多积极的变化,同时也带来了一些问题。这个世界既提供了让孩子接触大量信息的机会,也带来了让孩子沉迷娱乐、被动观看电子产品、不愿积极参与生活的风险。我们的任务是保护孩子免受消极因素的影响,帮助他们利用这个新世界的积极方面。

开启孩子天赋的有效途径	
年龄(2~4岁)	■ 允许孩子按自己的方式玩耍。在这个年龄段,孩子从观察旁人开始,接下来独自玩耍,然后开始和其他小伙伴一起玩。请按孩子自身的节奏来。 ■ 逐步拓展孩子的活动范围,但是不要操之过急。教孩子指认不同的物体。 ■ 对简单的形状和颜色进行归类。 ■ 玩,玩,尽情地玩。玩得越多,思维越发达。

续表

开启孩子天赋的有效途径	
年龄（2~4岁）	- 给孩子大声朗读精彩的故事，如刘易斯博士的《纳尼亚传奇：狮子、女巫和魔衣柜》。有些故事在阅读时应该加入动作和声音，有些则需要坐下来安静阅读。帮助孩子安静地听故事，能让他们更早体验到学校生活的美好。 - 如果祖父母能抽出时间帮忙带孩子，记住他们在方方面面都是很好的老师，尤其是阅读方面。 - 以成年人的口吻对你要和孩子做的事情进行"现场直播"。 - 教孩子数数：数手指、脚趾、眼睛、树、狗等。 - 帮助孩子认字母表上的字母。 - 帮助孩子调动所有感官，鼓励孩子摸、闻、看、听甚至尝不同的东西。
年龄（5~7岁）	- 这个年龄段的孩子可以和同伴一起玩耍，但有时仍然会选择一个人玩。请按孩子自身的节奏来。 - 用周围的东西刺激孩子的感官来鼓励他们玩耍，比如松果、棉絮、彩纸、水、黏土、泥土、颜料、坚果、纽扣、彩带、鹅卵石、羽毛，以及其他有香气和可触摸的东西。 - 给孩子读书，和他们一起读书，比如英国作家吉卜林的《刨根问底的故事》这样的图画书。 - 不要告诉孩子太多生活经验，尽量让他们自己去经历——听说夜晚有星星不如晚上自己去眺望星空。

续表

开启孩子天赋的有效途径	
年龄（5~7岁）	■ 教他们认时间、学数数、按顺时针和逆时针方向画圆圈（对写作很重要）；和他们一起唱字母歌、背乘法表。 ■ 孩子喜欢写自己的名字，也热衷于在信封上写自家的地址，帮他们把信寄出去。用布制作拼读书和字母书。 ■ 尽可能让孩子多动手。比如，不仅要教孩子认时钟，还可以让孩子用纸板或者比萨包装盒及吸管做出一个时钟。 ■ 对物品进行收集、整理和归类。 ■ 在家里开辟创新角，允许孩子弄脏衣服。设计一个指示牌"工作中"或者"天才在工作——不要打扰"。 ■ 找到一个内部有隔板的旧抽屉，把孩子玩耍和画画时用到的物品都塞到里面。 ■ 多拍些孩子专注工作的照片。 ■ 不要给孩子奖品、奖章和贴纸，用交谈和陪伴来奖励孩子。 ■ 在孩子够得到的地方放一个布告牌，让他们写下一天的想法或者问题。 ■ 提醒孩子，他们的大脑就像肌肉，肌肉越用越发达，脑子越用越聪明。
年龄（8~11岁）	■ 如果孩子在这一阶段受到善于学习新事物的成年人的引导，他们将发展出强大的思维能力。孩子幼年时，父母总是追随孩子自己的兴趣，而现在父母需要运用自己对世界的认知来培养和激发孩子的兴趣。 ■ 孩子在玩耍中表现得更富有想象力，更充满活力，更兴高采烈。

	开启孩子天赋的有效途径
年龄（8~11岁）	■ 提醒孩子，他们的大脑就像肌肉，肌肉越用越发达，脑子越用越聪明。 ■ 通过不断提问来构建富有想象力的思维方式：你认为……有多少功能？……和……有什么相似之处？它们有哪些不同？ ■ 父母总是希望孩子在任何年龄段都能保持对学习的浓厚兴趣，那么，请帮助他们研究想法，完成计划，进行实验。 ■ 父母要记住：你有触手可及的顶级实验室来培养孩子对学习的浓厚兴趣，它就是我们生存的这个世界。 ■ 用积木、骰子、拼贴帮助孩子理解数字。 ■ 通过购物锻炼孩子的计算能力。 ■ 列购物清单，帮助孩子锻炼做计划和做预算的能力。 ■ 把孩子阅读的作品和他们看过的电影和电视剧等联系起来（尤其是男孩）。 ■ 继续用镜头记录孩子做手工的画面，还可以把相机递给他们，让他们自己拍一些照片或录一些短视频。 ■ 让孩子制作路线图、提纲、图表及任务清单。设计一些图标。 ■ 鼓励孩子演木偶剧、写诗、制作陶艺和雕刻。 ■ 让他们背诵诗文和演唱歌曲。 ■ 带他们去看魔术表演、马戏表演、农业展和电影。 ■ 通过使用下列工具或方法培养他们的计算能力： ● 积木； ● 纸牌塔； ● 数量比较；

续表

开启孩子天赋的有效途径	
年龄（8~11岁）	<ul><li>做饭；</li><li>拼图；</li><li>刀、叉、勺子；</li><li>排序；</li><li>存钱买东西；</li><li>形状和颜色；</li><li>购物；</li><li>分类整理；</li><li>时间。</li></ul>
年龄（12~18岁）	<ul><li>这是神经可塑性的高峰时期，父母给予孩子的经历在这一阶段会塑造他们的大脑。</li><li>提醒他们学习和获得成功是很酷的事情。</li><li>继续让他们经历不一样的事情，掌握看世界的方法。</li><li>通过饭桌上的谈话来培养他们的思维，帮助他们形成有说服力的论点。</li><li>鼓励孩子发现不同观点之间的联系。</li><li>在孩子认为自己什么都会的时候，继续拓宽他们的视野。</li><li>让孩子采纳书中关于组织信息和做笔记的方法，并养成习惯。</li><li>通过参加这些活动或参观这些场所拓宽孩子的视野：<ul><li>农业展；</li><li>艺术展；</li><li>基督教教堂、清真寺、犹太教堂、寺庙；</li></ul></li></ul>

续表

开启孩子天赋的有效途径
年龄（12~18岁）	<ul><li>法庭；</li><li>农田；</li><li>消防站；</li><li>人类历史文明景点；</li><li>博物馆；</li><li>音乐会，包括交响音乐会；</li><li>卫星站、灯塔、观测站、水族馆、动物园；</li><li>科学实验室；</li><li>剧院。</li></ul>

第二章
天才的大脑

> 所有孩子刚出生时都是天才,而我们却用 6 年时间让他们变得平庸。
>
> ——巴克敏斯特·富勒

如果我们身处一个智力水平一直在上升的世界,这里的人们都聪慧过人并且富有创造力,那为什么世界上的天才如此少呢?原因就是,有很多人在学习的过程中遇到了瓶颈。在本章,我将谈论天才大脑的运作原理。为了将这个问题解释清楚,我需要向你们介绍雷克斯和艾伯特两位朋友。

■ 关于雷克斯和艾伯特

一般来讲,每个人都有两个大脑,Silktide 创始人奥利弗·安博顿用雷克斯和艾伯特来指代这两个大脑。

我们的一部分大脑发育很早，它构成了我们大脑的底层。我们可以把这部分大脑叫作网状激活系统或基底核，但是，称呼它为雷克斯更有趣。

它和恐龙的大脑很相似，能做一些有意义的事：它让你活着；它让你在睡觉的时候保持呼吸；它告诉你该如何醒来；当你发烧的时候，它给你降温；当你跑太快的时候，它让你慢下来。雷克斯会自动做一些很重要的事，所以你根本就不会意识到它的存在。但是，它让你生存下来。

可是雷克斯所代表的大脑并不是天才大脑。雷克斯喜欢简单、直接。它又老又暴躁，而且也不怎么聪明。它不擅长使用语言和逻辑，所以也没法和它讲道理。除此之外，它还极度容易分心。

我们的另外一部分大脑却大不一样，它聪明、有洞察力、有创造力还富有同情心。它在人体内发育较晚，从历史的角度来说，它还很新。它还在经历一些细微的升级，自带一些不稳定的补丁，尤其是在青少年时期。但是，随着它慢慢进步，它的表现也还不错。有些人叫它前额皮质，但是，让我们戏称它为艾伯特吧。艾伯特指代我们的天才大脑。

于是，我们都希望艾伯特主导我们的大脑，这样我们就能成为通情达理并且掌握自己命运的聪明人了。是这样吗？不是！雷克斯才是主导者。雷克斯有时候会听艾伯特的话，但前提是艾伯特说的是雷克斯愿意听的话。例如，你的艾伯特决定要减肥，但是你的雷克斯却想躺在沙发上边看肥皂剧边吃巧克力蛋糕,那我劝你暂时还是别想着减肥了。

如果你的艾伯特说"这个问题不值得担心",但是雷克斯察觉受到了威胁,那你很可能凌晨四点还没睡着,在家里踱步。

雷克斯的脑细胞比艾伯特多得多。事实上,雷克斯拥有我们全部脑细胞的80%。

雷克斯很容易分心。对雷克斯而言,舒适比什么都重要。你只有安顿好了雷克斯,才能让艾伯特处理一些事。食物、饮料、睡眠、休息和转移注意力,这些都会帮助雷克斯安分一会儿。

可是,我们一旦安顿好了雷克斯,让它暖和又舒服的时候,就会认为问题已经解决了,也不必再让艾伯特去处理问题了。我们会休息一会儿。我们会想,一切都挺好的,直到暴躁的雷克斯把我们拉回现实。

开启天赋要求我们帮助孩子学会两件事:驯服雷克斯,激活艾伯特。大多数人并不知道该如何做。

■ 当雷克斯不开心的时候会发生什么

当雷克斯失控并感觉自己受到威胁的时候,我们的情绪就会像坐过山车一样剧烈波动。上一秒我们可能还欢欣鼓舞,下一秒我们可能就会剑拔弩张。

可是,雷克斯不够聪明,它无法分辨真正的威胁和假想的威胁。

对雷克斯而言，考试不及格、吃饭要排队、睡眠不充足，或者是被人吼一顿，这些都算威胁。

雷克斯总是为点小事就躁动不安。它若不高兴，坏情绪会持续很久；它若兴奋起来，又很难安静下来。

这就是为什么有人骂了你，你会一整天不舒服。当人们想殴打、支配或骚扰他人时，说明雷克斯正在主导这一切。当人们觉得自己犯个小错就会带来灾难性的后果时，也是雷克斯在夸大其词。当孩子们因为没有拿到第一名、没有被球队选中或没有考到理想的分数而被压得喘不过气来时，同样是雷克斯在背后捣鬼。

培养孩子的天赋，我们需要明白我们的大脑有时候会糊弄我们，我们需要教会我们的孩子如何抚慰雷克斯，从而让他们大脑中的艾伯特大展身手。

■ 雷克斯和艾伯特如何轮班

我们刚出生时，大脑主要是由雷克斯掌控。我们出生后的首要任务是想办法存活下来，在生命最初的几周，本能反应会偏多，高级思维还较少。

突然有一天，婴儿的大脑开始忙碌起来，真是忙得不可开交！一边是雷克斯忙着弄清如何把食物送进嘴里，如何移动手指才能吮吸，一边是艾伯特在探索这个世界是如何运作的。最开始的时候，艾伯特对边缘、条纹和面孔特别感兴趣。

最初几个月，雷克斯忙着鼓捣身体的运作机制，艾伯特则忙着做一系列科学实验，这些实验将会伴随人的一生。婴儿到了大概8个月的时候，艾伯特发现，妈妈如果穿上外套，就可能是要出门了，于是艾伯特想方设法地想弄明白，看哪种哭喊声能让妈妈带他出去。

孩子大概2岁时，语言让艾伯特飞速成长。孩子们开始玩过家家的游戏，能够运用他们的想象力指导他们的思想和行为。语言让他们创造有意义的活动。

艾伯特，这个崭露头角的小小科学家开始采用更加复杂的实验来了解这个世界的运作方式，而它最喜欢用来实验的小白鼠就是父母和祖父母。到孩子三四岁的时候，它做的很多实验都是为了寻找一个问题的答案，那就是"如果我大吼大叫，他们会怎么办"。

在孩童时期，大脑会在脑细胞之间产生大量的连接点（生物学上称为突触）。孩子刚出生的时候，每个脑细胞上大概有2500个突触。满3岁时，他们的每个脑细胞上就会有大约15000个突触。

就像孩子们天生都很聪明一样，小天才们也有一些局限性。艾伯特仍然很固执，而且专注于事物的外表。分类整理对它来说就是个挑战。艾伯特的理解力还主要依赖于自身已有的经验，所以它很难弄明白一些抽象的概念，比如判断行为的结果、掂量不同的观点、考虑人们的意图。同时，它脑海中依然存在很多奇思妙想，会认为石头和云朵这类没有生命的物体也有情感。

到孩子7岁左右，艾伯特变得更加灵活，也不再那么固执。也就是从这个时候开始，孩子会将自己和他人进行比较，这种比较让他们感到焦虑。

在孩子大概八九岁的时候，大脑里的突触数量超过人体所需，大脑会开始"修剪突触"。这个过程对艾伯特的影响大于雷克斯。大脑会清除那些不再使用的突触，这会导致思维的方式和过程发生改变。从某种程度上来说，恰恰是这个修剪过程让人类可以调整自身行为去适应周围的环境。

在这几年里，大脑发展速度开始变慢。一个 7 岁孩子的大脑运转速度可以达到成人的 2 倍，在 8~9 岁，它开始放慢到成人的运行速度。从 9 岁开始，大脑的座右铭是"运用它，不然就会荒废了它！"这就是为什么孩子在童年以及青少年时期岁的经历是如此重要。在这个阶段，家长们对待孩子的方法会对塑造和发展艾伯特产生巨大影响。

■ 父母和老师是大脑神经建筑师

我们的大脑是按从下到上、从右到左的顺序发育的。这意味着对大多数孩子而言，在他们能够用语言充分表达自己对某件事的想法和感觉之前，他们已经能够理解如何做这件事了。

孩子在成长过程中同父母和老师之间的互动塑造了大脑的结构。拥有冷静、慈爱的父母使得雷克斯不会过分大惊小怪。善于引导和启发，让孩子体验新思想和经验的父母会释放艾伯特。

在 7~11 岁，孩子们进入被让·皮亚杰称为"具体运算"的阶段。

这意味着他们虽然还不能进行十分复杂的思考，但是离这个过程已经不远了。事实上，如果有大人帮助孩子指出不同的观点、看待事物的方法或是思考的方法，他们就能够领会较为复杂的观点。

艾伯特会在孩子八九岁时经历一次大的变化。这是少年大脑发育的开端。在青春期的初期，大脑每秒可能会流失约30000个突触，最终导致孩子在青春期损失掉童年拥有的近一半的突触。剩下的那一半保留了我们孩童时期所学会的技能，这些技能将伴随我们一生。

在这个时期，艾伯特正在为了变得更聪明和更有效率而改变自身的结构。充分利用这个时期，帮助孩子创造有效率的思维模式和学习习惯至关重要。我们这样做能帮助孩子建立通往未来成功之路的思维方法和学习方法。

在我们的大脑里，艾伯特（又称额叶）是帮助我们计划、思考、控制情绪和做出决策的那个部分，也是大脑中最晚成熟的一部分。或许我们应该在大多数少年的额叶上挂个牌子，写上"正在施工，请勿打扰"。

所以，额叶有多重要呢？正是额叶让我们变得文明而有人性。据苏珊·格林菲尔德估算，在生物进化的过程中，人的额叶增加了29%，猩猩的额叶增加了17%，而猫的额叶只增加了3%。

这不光告诉你为什么一只饥饿的猫不会见好就收，也可以让你停下来想一想我们的祖先，他们不得不和一群永远冲动而且反复无常的异族少年一起游荡，却创造了一个种族进化的产物——你！我希望你为此感恩。

所以，在青少年初期，艾伯特会停工一段时间。它进入了大规模的自我调适模式。这意味着雷克斯控制了少年们的整个大脑，如打架、逃学和早恋；而艾伯特擅长的计划、情绪控制和前瞻性则没法做得很好。

有些父母没有注意到很多青少年虽然看起来人高马大，显得成熟，但其实他们的大脑还处于发育阶段。父母绝不会冒险把自己一辈子的积蓄交给这些十来岁的孩子，仅仅是让他们照看一套有精美家具、价值40万美元的房子，就会被孩子的所作所为惊得目瞪口呆。

■ 雷克斯和艾伯特之间的斗争

雷克斯和艾伯特之间有时会发生战争。雷克斯想要简单安逸的生活，不喜欢改变，想尽快把事情做好然后回到简单的生活里。艾伯特却充满好奇，喜欢从新鲜和刺激的角度看问题。

学习就是掌握新的观念和信息，并且在未来用它们来改变我们的思维方式。雷克斯喜欢习以为常的做事方式，而艾伯特喜欢有创意的新方法。

雷克斯是我们的默认模式。如果我们累了，焦虑了，被压垮了，因为眼前的挑战失去信心了，我们就会撤退，重新启用那些老套但是让我们有安全感的方式。雷克斯对我们的生存至关重要，但是如果雷克斯在一个孩子的生活中所占比例太多，天才艾伯特就很难显现出来。

如果你想更深入地了解如何帮助孩子分辨雷克斯和艾伯特两种思维模式,请参阅第九章(建立积极进取的思维模式——天才心理学)。如果你对如何快速宽慰和抚平孩子大脑里的雷克斯感兴趣,请参阅第十三章(通过练习提升能力)和第十四章(激活天才大脑)。

驯服雷克斯的方式	
保证做到下面这些……	避免下面这些情况……
全家人食用健康食物:比如一个月只吃一次外卖,多吃蔬菜和水果,尽量不喝碳酸饮料。	家庭冲突。
告诉孩子你爱他们。	在孩子面前谈论负面的全球问题。
你要对新事物表现出兴趣。	在孩子面前讨论钱的问题。
鼓励他们去尝试新事物,允许他们犯错。	体罚。
让孩子拥有正常而且规律的睡眠模式。	单亲家庭里对另一方父母的负面评价。

续表

驯服雷克斯的方式	
保证做到下面这些……	避免下面这些情况……
让小孩子（有时候包括大孩子）午睡。	对学校和老师的消极评价。
鼓励他们进行体育运动。	嘲笑、讥讽或是可能会带来羞耻感的评价。
全家人一起散步——可以适当改变散步的地点和环境。	对孩子说"我也一直不太擅长这个"。
向孩子传达一种理念，即你信任你的孩子，相信他们有能力克服困难。	大声叫喊甚至威胁。

一旦雷克斯对孩子不再构成威胁，我们就可以想办法开发艾伯特了。丰富的经历对开启孩子的天赋至关重要，父母可以和孩子一起完成下页表格里的一套实践活动以帮助艾伯特出现。

你可以在自己已经做过的事项上打钩，在将要做的事项旁边标上星号。

培养孩子天赋和拓展其思维的活动
年龄（2～4岁） - 吹泡泡、追泡泡。 - 参观农场。 - 坐迷你蒸汽火车。 - 堆积木。 - 转陀螺。 - 跳舞。 - 观察云朵，分辨它们的形状。 - 在纸箱里玩玩具小车。 - 在浴缸或者纸箱里玩耍。 - 梳妆打扮。 - 在沙坑里玩，做泥巴饼干。 - 在岩石水池里探索。 - 观看马戏表演。 - 抚摸小宠物。 - 在花园里帮忙。 - 唱歌。 - 在充气城堡里跳跃。 - 学习游泳。 - 跑步、跳高、跳远。 - 用手指作画。 - 堆沙滩城堡或雪人。 - 打鼓。 - 和木偶或洋娃娃玩。

续表

培养孩子天赋和拓展其思维的活动	
年龄（2~4岁）	■ 数手指头和脚趾头。 ■ 和爷爷奶奶一起玩。 ■ 骑自行车。 ■ 坐跑跑卡丁车。 ■ 玩滑梯。 ■ 对颜色和形状进行分类。 ■ 欣赏并制作画作和艺术作品。 ■ 背诵简短而有趣的诗歌和童谣。 ■ 学唱《铃儿响叮当》。 ■ 在画板上画画。 ■ 吹哨子。
年龄（5~7岁）	■ 把旧纸箱当滑梯玩。 ■ 把泡沫棍对半切开，做成一个弹珠跑道。 ■ 学习跳跃、骑自行车、放风筝或拍球。 ■ 去动物园玩。 ■ 画画、编织或是做一个陶罐。 ■ 玩纸牌、讲笑话、聊天。 ■ 参加公益慈善活动。 ■ 用报纸做一顶帽子。 ■ 学会系鞋带和打响指。 ■ 给奶牛或山羊挤奶。 ■ 玩飞盘。

续表

培养孩子天赋和拓展其思维的活动	
年龄（5~7岁）	■ 抛硬币。 ■ 照顾宠物。 ■ 洗牌。 ■ 玩"地产大亨"游戏。 ■ 在围墙上保持平衡。 ■ 透过码头的缝隙看大海。 ■ 画卡通人物。 ■ 制作一辆卡丁车。 ■ 创作一些狂野的画作。 ■ 玩小熊维尼棒的游戏。 ■ 让两只蜗牛赛跑。 ■ 在浪花间跳跃。 ■ 摘草莓。 ■ 探索大树里面的秘密。 ■ 仰望星空。 ■ 探索洞穴。 ■ 寻找小昆虫。 ■ 接住一片落叶。
年龄（8~11岁）	■ 把气球当乒乓球打。 ■ 以橡皮擦和弹珠为材料，玩保龄球游戏。 ■ 举办一场奥运会项目的比赛。 ■ 扔回旋镖。

续表

培养孩子天赋和拓展其思维的活动
年龄（8~11岁）

- 翻跟头。
- 在街上摆摊卖东西。
- 学习杂耍。
- 光脚走路。
- 从大坡上滚下来。
- 在雨里奔跑。
- 放风筝。
- 玩泥巴。
- 生篝火。
- 在室内用桌子和毯子搭帐篷。
- 在室内露营。
- 做对讲机。
- 制作和乘坐小推车。
- 在小溪上建个小水坝。
- 堆沙滩城堡。
- 在雪地里玩耍。
- 用雏菊编手链。
- 为野生动物做窝。
- 研究石坑。
- 浮潜。
- 抓螃蟹。
- 亲自种下蔬果，精心培育，等长熟后吃掉。
- 在大海里游泳。

续表

培养孩子天赋和拓展其思维的活动
年龄（8~11岁）

- 拥有一块陨石。
- 触摸化石。
- 参观动物园、艺术画廊、博物馆和天文馆。
- 为某人制作一件礼物。
- 画一幅地图。
- 吹奏一种乐器。
- 玩遥控飞机或遥控船。
- 学一个魔术。
- 玩蹦蹦床。
- 打乒乓球。
- 追逐彩虹。
- 寻找宝藏。
- 放烟花。
- 开一场睡衣派对。
- 用显微镜、望远镜或万花筒看一次世界。
- 做化学实验。
- 在留声机上放音乐唱片。
- 骑马。
- 叠纸飞机。
- 观看喷气孔。
- 用废品做一个雕像。
- 参观垃圾场。
- 养蚕。

续表

培养孩子天赋和拓展其思维的活动	
年龄（8~11岁）	- 照顾蚁群。 - 扮演海盗。 - 参观天主教堂、犹太教堂、清真寺。 - 参观历史遗址。 - 观看航空表演。
年龄（12~18岁）	- 自己设计一件T恤。 - 学习扎染。 - 做手工折纸。 - 组装晶体收音机。 - 编辫子。 - 玩绕口令。 - 参加拍卖会。 - 冲洗照片。 - 去荒野远足。 - 去室内攀岩。 - 打排球。 - 学会使用地图和指南针。 - 在河里划独木舟。 - 做志愿者。 - 参加唱诗班。 - 进行长途自行车骑行。 - 挖一个洞穴。

续表

培养孩子天赋和拓展其思维的活动
年龄（12~18岁） - 爬树。 - 野营时在篝火上做饭。 - 寻找化石或骨头。 - 在小池塘里探索。 - 寻找野生动物。 - 抚摸自己害怕的动物。 - 观察鸟类。 - 去野外露营。 - 抓鱼。 - 吃刚从树上摘下来的果子。 - 玩打水漂。 - 用木棍搭建一条小路。 - 参加舞会。 - 做木筏。 - 尝试户外攀岩。 - 登很高的山。 - 进行GPS寻宝。 - 吃一顿烛光晚餐。 - 烹饪一顿正式的晚餐。 - 管理一个银行账户。 - 购物、做预算、存钱。 - 有一个真实或模拟的股票账户，学习股票市场的相关知识。

续表

培养孩子天赋和拓展其思维的活动
年龄（12~18岁）
■ 在市场上卖东西。 ■ 在网上卖东西。 ■ 在考古现场协助挖掘。 ■ 对动植物进行生物调查。 ■ 参观艺术展览。 ■ 写一首诗。 ■ 写一首歌。

第三章
识别孩子的天赋

> 有成就的人都犯过很多错误,但他们从不犯的一个大错是——什么也不做。
>
> ——本杰明·富兰克林

想要开启孩子的天赋,首先要弄清楚孩子擅长什么。发挥孩子的优势,比弥补孩子的不足更为重要。

智商是对一个人多方面能力的衡量。用一个普遍的因素来预测你有多聪明,这个古老的做法已经过时了。这个领域的许多研究专家,包括大卫·韦克斯勒和霍华德·加德纳等,都认为人的智力是多元的。有些人的才能涉及很广,而有些人则具备单一技能。也就是说,有的人在相当多的领域水平一般,但在个别领域有着非凡的潜能。

■ 你不必事事精通

关于智力的不同领域，好消息是你不需要在各个领域都是天才。天才并非是万能的全才。莫扎特不是什么伟大的冰球运动员，居里夫人打板球总是输，达·芬奇打乒乓球的水平极差。

开启孩子的天赋，你需要知道你的孩子擅长做什么，从而发挥他们的优势。如同我们先前的比喻，先要发现孩子的杯子里有什么，然后再把杯子里的东西变得更多。

我们能从大卫和歌利亚的故事中学到什么

※

处于劣势的一方想要取胜，就得发挥自己的优势。历史上有许多真实的转败为胜、以弱胜强的故事。

往往是那些被看好的人能够以强胜弱。政治学家伊万·阿雷古恩·托夫特认为，在一般情况下，实力较强的球队或竞争对手，击败对方的概率为71.5%。

你可能还记得《圣经》中大卫与高大强壮的巨人歌利亚之间对决的故事吧。大卫准备与歌利亚开战时，歌利亚戴上头盔，穿上盔甲，抓起一把利剑。然后，大卫决定利用他的速度和准确性，而不是他的力量来迎战对手。大卫拿起了弹弓和五块石头。

当这个"世界的巨人"不可避免地出现时，大多数人并不知道如何变换策略、发挥自己的优势,其实是因为他们不知道自己的优势是什么。

生活中类似大卫的人,如果明白并且善于利用自己的优势,他们成功的概率会从 28.5% 上升到 63.6%。

■ 用比萨饼智能图来绘制孩子的智商图表

你孩子的智慧就像一块美味的比萨饼,不同的切片上有着不同的味道,有的大且配料多,有的小而味不足。我们大多数人都是如此。

当你观察我们周围的世界时,你会发现人们拥有多元智能的现象极为普遍。你肯定不希望一位舞蹈演员来操纵你的账户,更不想和某位银行家一起唱卡拉 OK。

了解孩子的优势并发挥其优势是开启孩子智商的关键。识别孩子优势的一个简单方法就是运用比萨饼智能图。下一页的示例图,描绘了比萨饼智能图大概的轮廓,分为十个不同的切片,每个切片代表不同类型的智能,涵盖如下。

数字智能:处理数学问题、数字和计算;

语言智能:阅读、写作、拼写;

逻辑智能:认真、仔细思考问题,得出清晰结论;

图像智能:艺术、构思、建造、力学、技术;

技术智能：运用计算机、用工具创造东西、制作视频；

身体智能：健身、健康、力量、康复和行动；

自然探索智能：耕作、关心动物、照看环境；

音乐智能：演奏、创作、聆听或演唱音乐；

人际智能：理解他人、建立友谊、解决分歧和与人沟通；

自知智能：或许这是最重要的智能——了解你自己，包括你的喜好、你的厌恶、你的长处和兴趣。

你可以为孩子画一张比萨饼智能图（孩子的天赋）。大龄儿童和青少年可以自己画。

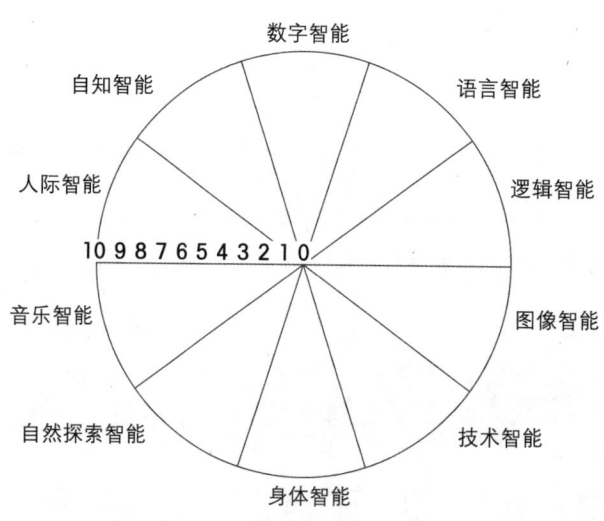

比萨饼智能图一

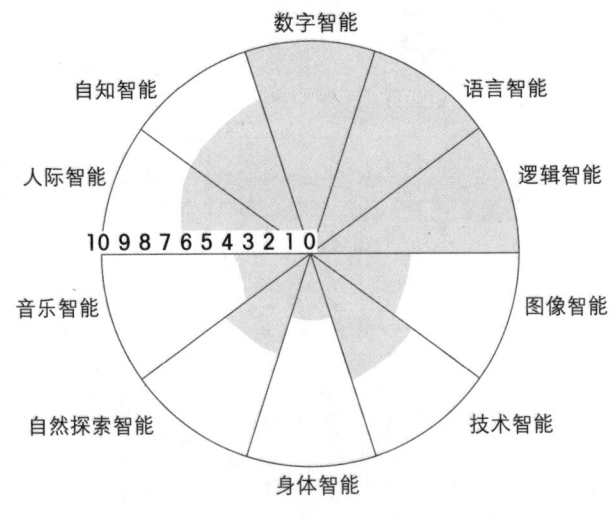

比萨饼智能图二

从上图的例子可以判断,被测试者认为自己在数字、语言和逻辑上非常出色(比萨饼上基本画满了),但在其他方面就没那么突出。

多数人从来没有思考过自己的优势。通过勾勒孩子的比萨饼智能图,你能够更好地帮助孩子了解并不断培养自己的长处。

父母通常是最有可能帮助孩子发现他们的优势,培养他们天赋的人。父母多花些精力让孩子去体验现有优势,帮助他们建立信心并愿意不断地尝试新事物。

对于未来,我们能够预测的是它会不断变化。这意味着,那些对变化不生畏惧、敢于挑战的孩子,将是21世纪的天才。

在接下来的章节中,我将论述各项有助于开启孩子天赋的技能。作为参考,父母可以对孩子目前的各项能力水平做一个评估。

	零技能									熟练掌握
专注度	0	1	2	3	4	5	6	7	8	9	10
思维清晰度	0	1	2	3	4	5	6	7	8	9	10
计划性	0	1	2	3	4	5	6	7	8	9	10
决策力	0	1	2	3	4	5	6	7	8	9	10
动力	0	1	2	3	4	5	6	7	8	9	10
毅力	0	1	2	3	4	5	6	7	8	9	10
创造力	0	1	2	3	4	5	6	7	8	9	10
组织能力	0	1	2	3	4	5	6	7	8	9	10
记忆力	0	1	2	3	4	5	6	7	8	9	10
实践能力	0	1	2	3	4	5	6	7	8	9	10
有助学习的家庭惯例	0	1	2	3	4	5	6	7	8	9	10

父母不时地回看上述评估能有效地帮助自己了解孩子已经取得的进步，并且思考孩子能将哪些优势发挥到极致。

	识别孩子优势的方法
年龄（2~4岁）	■ 引导孩子体验各种不同的经历，让他们获取基本的生活经验，以便发挥他们的优势。 ■ 拓宽孩子的体验范围。 ■ 让孩子尽情玩耍，允许他们脏兮兮地回家。

续表

识别孩子优势的方法	
年龄（2~4岁）	■ 在孩子成长的各个阶段，你都需要仔细观察、重新审视，以便发现他们的优势。一些新的优势会不断涌现，有些优势又会逐渐变弱。不要担心这个演变的过程，这是孩子成长为独一无二的自己的方式。 ■ 愉快地跟随孩子的步伐，让他们在不断探索中认识世界和自己。 ■ 尽可能丰富孩子的经历，但不要催促孩子成长。
年龄（5~7岁）	■ 作为家长，你可能会对孩子的优势有自己的看法，但尽量不要规定孩子该朝哪些方面发展。 ■ 把比萨饼智能图当成一个粗略的进度图，而不是作为未来优势的标示图。 ■ 在孩子的成长过程中，他们可能像《柳林风声》中的小动物们一样一会儿对某事兴趣浓厚，几周后又置之不理。但别因此烦恼。孩子这种尝试性的体验和筛选经历会存入他们的"体验银行账户"。 ■ 最终你会希望孩子能够持之以恒，但不要因为孩子在这个阶段不能坚持而过分焦虑。 ■ 重点是扩大孩子的兴趣范围，而不是让他们忙着从一个兴趣班赶往另一个兴趣班。
年龄（8~11岁）	■ 这个年龄段，父母通常会自信地绘制比萨饼智能图，运用这些知识来建立孩子的信心和自信。 ■ 孩子会专注于几个主要领域，但仍要给他们时间去探索新的技能和体验各种各样的活动。

续表

	识别孩子优势的方法
年龄（8~11岁）	■ 随着交友的广泛和各种时尚潮流的引导，孩子的兴趣和激情会激增。这并非坏事，但是父母要继续观察，看看自己的孩子是否会反复回到一些他们感兴趣的事情上。鼓励孩子探索他们极度有热情的领域，让孩子有机会在这些领域进行深入探索，学到专业知识。
年龄（12~18岁）	■ 青少年时期，父母既可以清楚地看到孩子的长处，又可以看到随着孩子的成熟而出现的新优势。 ■ 每年绘制比萨饼智能图。 ■ 变换学校是拓宽孩子优势的机会。 ■ 有一些青少年不愿向朋友透露他们感兴趣的领域，替他们保守秘密。在这个年龄段，难堪很容易扑灭热情。 ■ 青少年时期是追求归属感的年龄段。通过识别优势领域，你可以帮助他们： 　● 寻找重视他们特质的人和让他们展示自己才能的地方。 　● 远离那些不重视他们、不让他们展示才华的人和地方。 ■ 鼓励他们参加志愿活动。 ■ 实习和兼职是建立兴趣的好方法。 ■ 对于那些难以发现自己优势的青少年来说，通过绘制优势、职业测试或智力测试来补充完善比萨饼智能图也许会有帮助。

第四章
提升专注力

> "我为什么要专心？"
> ——老师要求一个8岁男孩坐下来专心听课后，小男孩提出的问题。

现在，我们来谈谈如何利用孩子的优势提升一项能巩固天才行为的技能：专注力。

大部分孩子的专注程度可以做到下雨天在家里不停地观看喜剧片《辛普森一家》和《恶搞之家》，攻克十级《使命召唤》的游戏，浏览400位脸书（Facebook）好友的帖子、60位好友的短信，以及为了某样他们想要的东西在你面前唠唠叨叨一整天。

孩子的专注力不是问题，问题是如何帮助他们将注意力集中和停留在一件事情上。随着世界变得日益复杂，干扰越来越多，能专注沉思的能力也变成了天才的一大鲜明特征。

这一点部分要归因于人脑容易胡思乱想。雷克斯喜欢来回踱步，以此放松自己和分散注意力。多任务时代的出现契合了我们喜欢关注最新和最重大事物的天性。专注是一种有限的资源。我们的注意力就只有那么一阵子，时间一长就忍不住开始寻求新的娱乐方式。关注一件事，就意味着会忽略另一件事。

人人都会有注意力分散的时候，尤其是当我们脑力透支、疲倦、饥饿、睡眠不足或焦虑时。要确保能够保持专注，我们需要把雷克斯从影响因素中剔除。我们可以通过下列方式来做到专注：制定一套体系、列出事项清单、安排事件流程、运用公式和培养好习惯。

孩子能够完成的学习量与他们的专注力和注意力直接相关。许多历史上公认的天才都以持久的专注度而为人所知。爱因斯坦、牛顿和达尔文无不以专注力著称。爱迪生为找到最合适的灯丝做了1600次实验。当然，过度专注有时也有弊端：爱迪生就因太过沉迷于做实验而忘记参加自己的婚礼。还有爱因斯坦，有一次他和一位地质学家朋友全神贯注地讨论地震，结果他们竟然没有注意到身边正在真实地发生一场大地震，也没有注意到他们所在的大楼中人员都已撤离。

天才能对他们感兴趣的事物表现出超常的专注度。有时他们会因为过度专注而忽略其他事物。比如牛顿由于太过专注地做实验，竟然把手表当鸡蛋煮了。

有没有人对你说过"你有个筛子一样的头脑吗？"这句话？嗯，他们的话没错！你接收到的99%的信息都会很快被忘掉。这是好事，因为如果不这样，你的大脑会装满琐碎的细节。幸好你是一个鉴别力强的人。不过，孩提时期的你可不是这么有洞察力。

专注力有点像夜总会的保镖。它迅速检查入场人员（这里指进入大脑的各种想法），过滤和丢弃它认为不值得进一步关注的对象。有些孩子的"保镖"允许太多想法进入大脑，有些孩子的"保镖"则让错误的想法溜进大脑。所以，培养孩子天才般专注度的诀窍在于，让他们学会该专注于什么、该过滤掉什么。

我们大部分人都擅长清除大脑中的无用信息。例如，你们大多不会注意到自己脚上的鞋子，除非是注意力被专门吸引到那里。但是孩子通常不太善于弄清楚到底该把注意力放在哪里。

■ 培养专注力

像任何其他技能一样，专注力也能被提升而变成一种自然能力。任何学过复杂精细动作（如骑自行车、玩乐器或开车）的人，最初都会担心如何能同时做好几件事。最后他们发现这些都不过是熟能生巧。

天才都很专注，但他们关注非常具体的事物。从我的经验来判断，孩子天生就会被某些方面吸引，而且能比大人更专注于这些方面。我对这一领域的思考深受《破茧而出》的作者梅尔·列文博士的影响。他提出我们要思考如何培养孩子多样化的思维。

在以下的各小节中，我将论述几类常见的天才，他们的专注风格令人好奇。虽然分类比较笼统，但是它们能帮助你找到让孩子集中注意力和提升专注力的方式。

你可能无法确定自己的孩子应具体归入哪一类,但下面的分类能有效指导你帮助孩子在学习新知识时集中注意力。

■ 快乐漫游者

这些天才专注于视觉信息。他们可能无法告诉你一分钟前的谈话内容,但会注意到你今天换了一双鞋。

这些孩子通常兴趣广泛、精力充沛。他们东张西望,看起来像要把所有事物都装进脑袋一样。他们的眼珠转个不停,要找出各种事物来看个究竟,或者四处闲逛、逐一查看。他们知道自己对什么事物感兴趣——他们看到的一切!这里的"一切"可能意味着一切视觉元素,如颜色、形状、动作和艺术。如果你没有从视觉上引起快乐漫游者的兴趣,他们就会神游,注意力转向其他事物。从根本上说,如果某样事物从视觉上看是无趣的,那对他们来说就是无趣的。

我曾接触过的一个快乐漫游者,他从来说不清楚我们刚刚讨论的内容，却能告诉我外面树枝上有一只青蛙，窗帘的左角褪色最严重。

这种风格的好处是，这样的孩子长大后会成为受欢迎、有审美力、风趣、有活力并且善解人意的人。

快乐漫游者通常很擅长读懂他人的情绪。从长远来看，根据自身的优势，快乐漫游者通常能够在咨询、艺术收藏、商业、酒店管理、社会工作、医学和教育等领域取得非凡成就。

如何帮助快乐漫游者

要帮助快乐漫游者开启他们的天赋，需要帮助他们提升专注力。

这些孩子需要视觉信号来让他们知道是时候要聆听了。学校的老师通常使用这些信号——双手叉腰、一只手指放在嘴唇上（示意安静）、双手抱头或举高单臂——让整个教室的孩子安静下来。父母在家也可使用同样的信号。保持目光接触，减少视觉导致的注意力分散。

如果你与快乐漫游者没有目光接触，你就无法使他们专心。对于年纪较小的漫游者，在尝试向他们传达信息前，请弯腰并且和他们对视。

快乐漫游者通常是很快乐的孩子。当你把他们的注意力吸引回来时，他们可能会自嘲。不过，他们的亲切回应并不意味着他们不会继续走神。

这些孩子通常在视觉元素丰富的环境中表现得最积极、最专注，如果参与制作拼贴画、绘图、制作海报和流程图，他们能惊人地保持专心。

父母可使用以下工具帮助快乐漫游者保持专注。

- 拼图：提高精细运动技能、抽象推理和空间组织能力；
- 视觉大发现游戏：开发语言能力和注意力；
- 拼贴画、流程图和海报：协助编排和组织信息；

- 可涂写的彩色纸：助长记忆力；
- 吊挂在天花板上随风飘动的重要照片：提醒他们过去的成功；
- 荧光笔、绘画颜料和蜡笔：让做笔记变得有趣；
- 培养专注力的纸牌游戏：帮助记忆；
- 自己动手做的数学示例和图表；
- 重点介绍主要历史事件、显示主要人物图片的挂图和时间表；
- 思维导图和气泡图；
- 贴在门上、冰箱上、午餐盒或电话上的标志和提醒卡，如"带上午餐"；
- 提示卡、备忘卡（见第十一章有关如何使用这些卡的说明）；
- 不同的图片、TED-Ed 视频和动画。

天马行空者

天马行空者的天赋在于他们能通过出色的创造力和独创性将看起来毫不相关的想法和概念联系起来。这些孩子的想法跳跃不定，思想常常飞至遥远的行星之外，所以很难长时间让他们集中注意力。

天马行空者能创造性地联系各种想法，从长远来看，他们通常在涉及这一技能的下列职业中大展拳脚，如营销、编剧、广告、设计、创新技术、发明和活动宣传。

尽管这些孩子长大后通常具有创造力和想象力，善于创新，但他们需要学习均衡分配幻想时间和专注时间。你要告诉他们："你有 5

分钟的时间幻想，接下来的5分钟必须集中注意力。"

由于他们的想法迅速跳跃，这些孩子喜欢限时的比赛游戏。例如，你可在购物中向他们发起挑战，看谁能更快地在超市里找到购物清单里列出的商品并放进购物车。

有些天马行空者思维混乱。在直奔下一个伟大想法时，他们根本无法预见实现这一想法需要哪些步骤。尽管例行程序并非天马行空者的强项，但他们将受益于安排时间和次序的习惯和常规。

除了专注力和记忆力外，让事物井然有序（或排序）的能力对开发他们的天赋也十分重要。

如何帮助天马行空者

父母可以通过整理房间、烹饪和准备每日所需等基础任务，来培养天马行空者的能力。摆放餐具对培养专注力很有用。通过提问的方式来帮助他们，比如有多少人就餐？我们需要多少餐刀？我们要喝汤吗？你觉得我们应该在铺餐垫前放餐盘吗？请尝试让他们排列这个过程的先后顺序。

烹饪很适合天马行空者，因为这样让他们有次序感。如果你厨艺不精，不用担心——学习做蛋糕要先放鸡蛋后加糖霜点缀就是一堂有用的课。戏剧、演戏和辩论也对学习排序有帮助。敬请阅读第八章的"培养一个新习惯"一节，其中的内容非常适合天马行空者。

让天马行空者进行一次心灵之旅，他们就能异想天开地想出各种与指定概念相关的想法。例如，你可以与天马行空者一起玩游戏，让他们幻想各种奇特的汽车（房屋、动物），并谈谈他们喜欢的特征。然后，你可以要求他们选择多项特征，并画出或设计出其中一项特征。这有助于天马行空者学习珍惜并运用他们的创造力。

你还可以通过以下游戏或活动，来帮助天马行空者培养排序的技能。

- 海战游戏：协助排序；
- 国际象棋：帮助解决问题和培养战略性思维；
- 跳棋：帮助规划和识别图案；
- 编排和整理收藏品：协助排列次序；
- 多米诺骨牌：帮助规划和排序；
- 网球、羽毛球、乒乓球、曲棍球、冰球、足球、健美操、花样骑术：培养排序技能。

■ 情报搜集者

这些孩子是情报机构应该招募的对象。他们的天赋是领会各种措辞、声音、语调和细微差别的能力。如果你想知道家里是否有一个这样的"小间谍"，可以观察他们是否对家中诸事明察秋毫，任何秘密都逃不过他们的双眼。

情报搜集者容易被声音分散注意力。有时，一些干扰音会在他们的脑海中被放大。由于对声音敏感，他们要尽量远离这些干扰音。在学校有必要把他们的座位排在离老师近些的地方。

这些孩子在学习时，通常会对柔和的背景音乐产生良好的反应。戴上耳机听轻柔的背景音乐能帮助他们集中精神。以某首特别的古典音乐或器乐做背景音乐，情报搜集者可能会取得最佳的学习效果。尝试看看什么方式最适合你的孩子。

这些孩子也能通过声音学好知识，CD 或 iPod 上的有声读物是不错的选择。帮助他们录制他们想要记住的东西的音频，以及用押韵词来帮助他们记住顺序都是行之有效的方法。

给他们朗读"开始自己的冒险之旅"类的读物，让他们先仔细聆听，然后再行动，这样也有帮助。

这些孩子中有些很擅长倾听，他们只是不知道该听什么。从长远来看，他们当中很多人会成长为优秀的教师、口译员、电台播音员、音乐家、音频技术员、录音师、演员、电话呼叫中心工作人员和空中交通管制员。

值得注意的是，我们要教会情报搜集者学会仔细倾听并且在表达时说出完整的句子，而不是只言片语。如果你家里出了个小间谍，下面两条家规特别管用：

① 别人说话时，仔细倾听才算有礼貌。

② 在家中请讲完整的句子（对于哼声、惊讶声，以及"不知道""好像是"和"管他呢"这样的话，我们会完全屏蔽，不做回应）。

如何帮助情报搜集者

尽管声音是情报搜集者的天赋领域，但某些情报搜集者并非总是良好的聆听者。他们能迅速听到各种声音，却不会辨别到底该专注于哪种声音。

教导聆听技能需要时间和毅力（更需要圣人般的耐心）。你可尝试一些需要指令的活动（如睡觉、洗脸、清洁房间）。尽量选择在晚上空闲时间开展此类活动，这样不必着急赶往某个地方，就不会有时间紧迫感。

请留出足够的时间，不要被外界打扰。关闭手机，吸引孩子的注意力，保持与孩子目光接触。运用简短的句子平静地要求孩子执行任务。理解的阶梯——列出完成任务的五个步骤（见第十一章）——对情报搜集者有帮助。

确保他们知道自己要做什么，千万不要让他们停止执行任务，平静地指出他们不执行任务的后果。坚持这样做，直到任务完成为止。制订计划来帮助你的孩子将这个过程变成一种习惯。记住，新习惯需要时间来学习。

你也可通过以下方法来帮助情报搜集者开发他们的天赋。

- 设定某些安静学习的时段；
- 播放轻柔的音乐来帮助他们安静下来；
- 玩押韵游戏或者朗诵诗歌；
- 玩 20 个问题组成的游戏；
- 听故事录音和有声读物；
- 制作播客；

- 玩"跟我读"游戏;
- 玩画图猜词游戏;
- 玩"西蒙说"指令游戏;
- 用不超过50个字概述一则体育广播;
- 将他们要记住的主要内容做成报纸头条。

■ 坐立不安者

即使必须坐着不动,我也得忙活点儿什么!

这些孩子是手脚停不下来的人,总是要触碰、拨弄、涂鸦、抚摸、扭动和收拾某样东西。他们的手总是闲不下来。他们的天赋在于触摸。

坐立不安者发现他们很难专心听进别人对他们说的话,除非他们的双手在忙着。你会发现听讲座的成年坐立不安者手里都在忙着钩织或涂鸦。

坐立不安者通过触觉分散注意力。他们是那种坐在学校一言不发而全神贯注地缠绕头发的孩子。学校通常让这些孩子坐在瑜伽球或充气座椅上,以便他们在做事时扭动身体。

这些孩子通常是了不起的收藏家:瓶盖、邮票、玩偶、战争游戏人物、足球卡、乐高积木、可爱的玩具、高尔夫球、弹珠,有时还有蠕虫。你会发现他们的口袋里装满了各种捡来的古怪物件。

通过整理收藏品，这些孩子学会排序并提升专注力。他们的卧室里藏着各种各样的小玩意儿。他们的所有天赋似乎都来自肘部以下。

长大后，坐立不安者一般会成为优秀的艺术家、建筑师、外科医生、技工、电工、音乐家、管道工、木匠、农民、电脑技术人员、时装设计师、理疗师、按摩师或机器人技术人员。对这些孩子来说，这是一个要亲身实践的世界。他们拥有某种程度的精细运动技能，让其他人自觉笨手笨脚。

这些孩子通常是敏感的人，能很好地理解他人的感受，手眼协调能力和精细运动能力也很突出。

如何帮助坐立不安者

对父母来说，开启坐立不安者的天赋是一个需要亲自实践的过程。让孩子照顾小动物、学习国际象棋和乐器都有帮助。

这些孩子中的一部分人永不满足（通常发展为野心），帮助他们养成收藏的爱好是值得做的。当有些坐立不安者对需求永不满足时，父母可帮助他们专注于收藏一些较便宜的石头、木棍、邮票、微缩人物模型或压花藏品。

玩乐高、拼建筑模型、学习针织或缝纫、组合玩具套装、拼图、玩魔方、走迷宫、玩建造游戏和绘画小人物，这些都能有效地帮助坐立不安者学习如何保持专注。

因为这类孩子总是坐立不安，喜欢身体扭来扭去，手上也忙着涂鸦或摆弄东西，所以，如果可以，应该教他们学会静坐。但要注意，他们中一些人只有手上摆弄东西的时候才能保持最佳的专注状态。

孩子如果能安静地"坐下来",对学习会很有帮助。木头人、扭扭乐和抢凳子等游戏都能帮助孩子培养专注力和静坐能力。让孩子计算他们能像木头人一样保持一个姿势多久也是很有趣的游戏。

边讲故事边做动作也是帮助坐不住的孩子的一项有趣活动。例如,父母可告诉孩子如果听到故事中出现表示"喝"("吃""跳"等)的词汇时,他们就可以挥挥手。

就像对待快乐漫游者一样,父母通过双手抱头或把手指放在嘴唇上来示意孩子们要集中注意力了,这种方式对坐立不安者同样有帮助。

有些坐立不安者过度专注于触觉感受,所以要叫他们保持安静,首先得让他们兴奋、活跃一阵子。安排孩子在紧张的活动过后安静地休息,有助于他们学会在释放能量与安静休息间转换。

还有些坐立不安者善于运用他们的大肌群,但需要帮助来提高精细运动技能。可以通过慢慢转向精细活动来锻炼他们的肌肉,例如,除了跳舞、弹跳和跳跃,他们还可以学习素描、绘画、制作黏土模型或工艺品。

下面这些活动可以用来帮助坐立不安的孩子走向成功。

- 手球:提高手眼协调能力和团队技能(尤其是双打);
- 做风筝和放风筝:鼓励尝试新方法;
- 乐高:提高大运动与精细运动协调能力;
- 迷宫:提高解决问题的能力;
- 体操和舞蹈:释放能量,增强专注力,促进精细运动与大运动协调能力;
- 小马俱乐部:提高组织能力,增强体力与协调能力、规划和排序能力;

- 乐器：诸如小提琴、吉他、钢琴、大提琴或小号这样的乐器适合具备精细运动技能的坐立不安者，鼓和长号则适合擅长大运动技能的坐立不安者；
- 模型构建：提高精细运动技能；
- 积木、骰子和棋子：帮助学习数学；
- 针织、缝纫：协助排序；
- 木制品：帮助规划、排序；
- 施工项目：提高时间管理和排序技能。

■ 星际旅行者

有创造力的跳跃式思维是星际旅行者最明显的特质。这类孩子热衷于探索人类未曾触及的地方！他们通常是善于发明、令人振奋的人，总是以有趣的新方式迈向无法想象的边界。

星际旅行者通常具备分裂技能，即在某些领域是专家，而对其他领域却一窍不通。他们时常会闪现出超凡的智慧，之后又显得茫然不知所措。

星际旅行者是那种能发明一种全新的交通工具把人类送往他们想

去的任何地方,却无法在早上把自己穿戴整齐的人。

在向他们介绍一种新想法或新概念时,他们会茫然地看着你,好像这个想法来自神秘的外太空,而且与他们曾遇到过的任何其他想法毫无关联。他们将生命中的每一件事都视为独一无二,好像与过去的一切都毫不相干。

尽管他们不擅长利用过去所学的知识和经验(这一点可能令人沮丧),但这些孩子通常是思维敏捷、头脑灵活的思考者,能从新事物中发现机会和可能性(或许因为他们受过去想法限制的程度没那么深)。

有些自相矛盾的是,与天马行空者类似,他们能很有创意地把毫无关联的想法联系起来,却常常忽视摆在他们眼前的各种关系。

如何帮助星际旅行者

要开启星际旅行者的天赋,你需要帮助他们依赖自身的能力来发现事物间的关联性。你可以清楚地告诉他们两样事物之间如何关联,比如通过提问来找出相似性:"猫和老虎在哪些方面相似?""机器人和汽车有什么共同点?"

养育一个这样的孩子,意味着你会成为POTBO(Pointing Out The Bleeding Obvious:指出明显差异)专家,原因是如果你不这样做,他们永远不会明白。

想办法把生活中的事件联系起来也能帮助星际旅行者保持专注。日历、日记、海报、冰箱贴、家庭告示板和贴纸是连接生活事件和培养专注意识的有效工具。

生活日历是收集记忆的好方法。全家人可一起收集在1月、2月、假期等日子发生的一切美好事物的照片,并制作可保存在冰箱上的拼贴画,以提醒星际旅行者生活中的一切美好事物。生活日历适用于一切孩子。

小小星际旅行者能够从帮助他们整理思绪的日常生活中受益,比如在家庭告示板上张贴每日精彩记忆就是一个好办法。每天都可以用不同的方式记录精彩的生活:奇妙的星期一、精彩的星期二、美妙的星期三、极好的星期四、神奇的星期五、绝妙的星期六、超凡的星期天。

使用视觉教具,如还有"N个晚上"才会发生某件事的贴纸和提醒,能帮助这类孩子集中注意力(请参考"社交秘书"一节概述的策略)。

年龄稍大的孩子能从流程图、时间表、思维导图、图示以及事件如何彼此关联的闲聊中受益。总结关键规则(如"除非'i'在'c'之后,否则'i'在'e'之前")的书籍也能帮助他们辨别模式。到了高中,父母为孩子引出关联性的能力将成为孩子今后成功的强大因素,所以父母有必要清楚了解孩子的成长故事。

如果这听起来很熟悉,敬请细读第六章和第七章关于规划和决策的内容。

奔放一月	美好二月	神奇三月	可敬四月
欢喜五月	快乐六月	叮当七月	巧妙八月
超级九月	新奇十月	整洁十一月	动感十二月

社交秘书

由人、感受和分享组成的世界就是社交秘书的天赋领域。老师很了解这些孩子。他们喜欢人，他们在课堂上喋喋不休，他们传纸条，他们发短信，他们策划活动，他们爱自拍，他们爱社交媒体。他们对社交着迷！

这些孩子在与人交往时如鱼得水，他们甚至会让你觉得，好的想法不表达就是一种浪费。社交秘书总是感觉深入思考问题有些困难，但能轻松地通过语言对一些事件发表看法。

家有小小社交秘书的好处是，他们总是很活跃，善于交际。这个类型的孩子长大后擅长从事零售、营销、事件管理与公共关系等工作及做生意。他们通常是受人欢迎、活泼开朗、善解人意的外向型孩子。

他们中很多人都特别健谈，认为想法不表达就是一种浪费。因此，社交媒体网站可能对这些孩子十分有吸引力。他们会与全世界的人分享他们早餐吃了什么。由于他们乐于助人，他们会忍不住去帮助有需要的人，这也使得社交媒体的世界既充满诱惑又危机四伏。

如果他们的社交媒体朋友遇到困难，社交秘书一定会挺身而出，为朋友排忧解难。

父母费口舌让他们做好自我管理、不要过度沉溺于社交网站纯属浪费时间。因此，有些时候父母需要用坚定的语气说："关掉它！做你该做的事！"

这些孩子很容易受他人领导，在学校害怕冲突，会因为同学干扰而分散注意力。

有些社交秘书善于言辞，常常陶醉在自己的声音里，这时你需要强调家规："插嘴前先说对不起。"有时他们急于表达，会隔着房间朝你喊话。要避免这样隔空交谈的情况，你可以装作听不清他们在说什么。

如何帮助社交秘书

社交秘书是那群最不可能独自航海环游世界的人，因为他们喜欢周围有人的感觉。要开启社交秘书的天赋，你需要给他们足够多的时间感受与人相处的快乐；之后再给他们一些时间独处，让他们明白自己也具备独立思考的能力。

在培养专注力方面，社交秘书通常对学习魔术、马戏、表演与戏剧、唱歌、乐器、没有激烈竞争的团队运动、木偶戏以及组织家庭聚餐这样的活动充满热情。

社交秘书最大的难题是家庭作业。社交秘书和星际旅行者都是那种望着作业就发呆的孩子。这两种类型的孩子都需要家长的帮助才能完成老师布置的功课。家长可能还需要制定一套行之有效的方法来检查家庭作业。

要帮助孩子培养这项技能，你可以先向老师打听具体有哪些作业，再让孩子将作业写下来。家长通过这种方式可以检查孩子是否清楚老师布置的任务。一定要坚持这样做，直至你的社交秘书彻底弄明白老师的要求为止。

你也可以要求孩子谈谈他们对即将学习的主题了解多少（可能不多）。社交秘书通常认为说话比写作容易，所以让他们说出自己的想法比要求他们写下所知的内容更有效。

记下他们提到的关键点，再问问他们存在哪些疑问，把问题也记下来。你可以运用这些问题来帮助孩子制订他们的学习计划和任务，还可以进一步考虑哪些问题孩子答得上来，哪些需要家长解释，哪些需要进一步研究，以及哪些技能孩子必须掌握。只要有机会，你就教孩子将抽象概念与人、部落或生物联系起来；在帮助他们学习数学的过程中，尽量将公式转成文字而不是符号，并让孩子向你解释他们的推理过程。

有些社交秘书需要学习如何独处。始终依赖他人才能感受到快乐会导致他们没时间思考或做计划。

帮助他们理解独处与孤独的区别。父母可以把独处的时间称为"暂停时间""追赶时间"或"思考时间"。艺术创作是学习独处的有效方式，照顾宠物也能达到同样的效果；阅读小说是让社交秘书融入角色而非依赖身边人的另一途径。

■ 心智强化者

最后要谈到的一种类型的孩子可以被称为心智强化者。心智强化者的天赋表现在他们有充沛的精力来消耗。在他们真正忙于应对挑战

时,他们有克服各种障碍的决心和毅力。不管大事小事,这些孩子都有能力把事情闹大。

心智强化者的生活可能是一连串的冒险,但他们总是以一副满不在乎的样子轻松应对。他们精力充沛、勇敢顽强,乐于在生活中寻求刺激。除非他们学会控制自己的音量,否则难以在学习上出类拔萃。说到对社会的贡献,他们能成为鼓舞人心的杰出领袖、教师、经理和个体商人。

你需要向这类孩子解释他们的行为应该随着环境而改变。我们所有人都需要学习适应环境。心智强化者通常忙于喧嚷,所以不易察觉情况有变。

你会觉得他们中有些人长大后可以拯救世界,但问题是无论他们何时冒出个好想法,不久就又会生出一个更好的想法,所以很难做到有始有终。

一般情况下,这些孩子有非常明显的专注模式。一天中的某些时候,他们能非常专注,而其他时间则无法集中精神。你需要仔细观察孩子的节奏,并根据他们自身的规律安排阅读和做功课的时间。

心智强化者对强烈的情绪非常敏感。如果周围发生冲突,他们会立刻加入战斗并且使冲突升级。这意味着,你有必要有意识地制造和谐的家庭氛围，同时尽可能减少和弱化家庭成员之间的竞争。

如何帮助心智强化者

可通过帮助心智强化者选择值得他们应对的挑战和教导他们调整音量，来开启他们的天赋。由于心智强化者喜欢高强度，他们会对涉及速度和行动的计时赛、挑战和游戏更为擅长。请仔细观察那些能吸引和迷住他们的活动，试着让他们多元发展。

这些孩子兴奋、活跃过后也需要时间安静和休息，所以将活动时间和被动学习的时间交替安排对他们有帮助。

一部分心智强化者反应迅速，只关注任务的结果。帮助他们识别和规划达到结果所涉及的步骤很有必要。引导心智强化者的有效方法包括："如果我们想做某事，我们需要做些什么才能实现？我们先做什么？接下来做什么？最后做什么？"帮助他们了解达到目标需要哪些步骤能提升他们的规划能力。

在多数团体赛和运动赛事中，参赛者都会有自己作为选手紧张参与比赛和作为观众轻松观看他人比赛的经历。心智强化者可能需要帮助，才能看清如何利用自己作为"观众"的时间来思考、规划和制定策略，否则他们会渐渐失去专注力。

心智强化者通常意志力坚定。这是好事，但也可能让他们误以为凡事都只能靠自己。不是人人都有心智强化者一样的决心和精力。父母可以帮助心智强化者认识到成功不只关乎个人荣耀。有时候，运用和利用他人的技能可以让人收获更大。

下面是一些实用的策略。

- 个性化的、积极的教导方法；

- 合作游戏；
- 团队游戏。

■ 我的孩子全部中标，或一项不中！

如果你发现你的孩子一会儿快乐神游，一会儿天马行空，一会儿明察秋毫，一会儿又坐立不安或者思维早已开始穿越星际，请不必担心，因为很多孩子都是各占一点。

父母常说，要真正弄清孩子的专注风格需要花些时间。请关注他们在什么时候看起来最专注，并以此为基础进一步观察他们的习惯。

在最终确定孩子的专注模式前要多实验一段时间，花时间来确定孩子的专注模式对于引领他们迈向成功具有重要意义。要想获得成功，孩子必须弄明白个人长处以便发挥优势，同时也要知道自己的短处以免受其困扰。

学校总是努力想让孩子成为全才，样样精通。因此，一般学校都会制定课程或教学大纲，但这并不适合天才的成长。天才们一旦发现他们擅长的事情就会完全沉浸其中，而同时忽略其他不相关的技能。

当然，你不想过早限制孩子的技能范围，但了解他们的专注模式和优势将有助于你为他们提供必要的帮助。当孩子因某件事而内心挣扎，或发现这件事难以理解时，可以适时向他们提供一些可供选择的方案："嗨，为什么不把它画出来／在录制设备上录下步骤／将它变成一种挑战／找到学习组来攻克它／做一个黏土模型？"父母不仅能鼓励孩子发挥优势，还能帮孩子找到最佳学习方式。

发挥优势之所以重要，是因为在生活中成功具有感染性。获得一点成功后，人们往往愿意追求更大的成功。

如果你看不出孩子符合我所提到的这些类型，也不要过于担心。这些类型的孩子是我在自己多年实践中遇到过的，但是我的书中也不可能囊括全世界的孩子。只要你继续观察，找到孩子自然选择的专注对象，就能帮助他们学会专注，茁壮成长。

培养专注力	
年龄（2~4岁）	■ 玩专注力游戏，如"盯着我"和"木头人"。 ■ 长期练习平衡、绘画和长时间玩耍。 ■ 将图片分组贴在天花板上。 ■ 玩"跟我读"游戏。 ■ 跳舞。 ■ 玩捉迷藏或井字棋。 ■ 玩火柴盒汽车、弹珠、木偶、玩偶、泰迪熊。 ■ 投掷和接住橡胶球。 ■ 让他们加入谈话。 ■ 大声为他们朗读。 ■ 唱《字母歌》和《王老先生有块地》这样的歌。 ■ 反复给孩子读绘本。 ■ 数手指、脚趾、耳朵、眼睛、鼻子、人。 ■ 探索岩池。

续表

	培养专注力
年龄（5~7岁）	■ 提供拼图，帮助培养运动技能、抽象推理能力和空间组织能力。 ■ 玩视觉大发现游戏，以提高语言能力和注意力。 ■ 让孩子坐下来制作拼贴画、流程图和海报，以培养他们编排和组织信息的能力。 ■ 提供可涂写的彩色纸帮助他们增长记忆力。 ■ 使用标志和提醒卡，如"带上午餐"。 ■ 用照片帮助孩子回忆过去的成功。 ■ 用荧光笔、绘画颜料和蜡笔来让做笔记变得有趣。 ■ 通过玩纸牌游戏提升专注力和记忆力。 ■ 玩"西蒙说"指令游戏。 ■ 跳舞、溜冰、堆沙滩城堡。 ■ 玩遥控车、玩具火车、望远镜、马赛克、超级战队、模型车。 ■ 制作简单的模型：飞机、人物、机器人。 ■ 玩大富翁（初级）、跳棋。 ■ 做间谍，暗中观察鸟类。
年龄（8~11岁）	■ 玩扭扭乐或抢凳子的游戏。 ■ 玩手球，提高运动协调能力和团队技能（尤其是双打）。 ■ 制作风筝和放风筝。 ■ 玩乐高，提高大运动与精细运动协调能力。 ■ 走迷宫，练习解决问题的能力。 ■ 学习体操和舞蹈。

续表

	培养专注力
年龄（8~11岁）	■ 参加小马俱乐部。 ■ 学习乐器，如小提琴、吉他、钢琴、大提琴和小号。 ■ 建造模型，以协助培养精细运动技能。 ■ 玩积木、骰子和棋子，以便学习数学。 ■ 设定一些安静学习的时段。 ■ 用柔和的音乐帮助孩子安静下来。 ■ 鼓励孩子玩韵律游戏、读诗和写诗。 ■ 听故事录音和有声读物。 ■ 全家人一起玩猜词、大富翁、拼图或骰子游戏。 ■ 跳舞、跳绳、扔飞盘、玩呼啦圈或悠悠球。 ■ 尝试陶器、雕塑或更复杂的建模活动。 ■ 练习魔术。
年龄（12~18岁）	■ 玩海战游戏，学习排序。 ■ 玩国际象棋，鼓励解决问题和培养战略性思维。 ■ 玩跳棋来练习规划。 ■ 玩多米诺骨牌。 ■ 学习和演奏乐器。 ■ 加入乐队或合唱团。 ■ 进行即兴剧场活动。 ■ 练习边作诗边灌篮（在跑动中作诗，每个人要加上一个词：对倾听、专注和即兴思维有益）。

续表

培养专注力
年龄（12~18岁）	<ul><li>制作视频或播客。</li><li>玩电脑游戏或另类实景游戏。</li><li>玩地理寻宝游戏。</li><li>练习冥想和正念。</li><li>跳舞。</li><li>去滑冰或玩卡丁车。</li><li>尝试用黏土建模。</li><li>做时装设计。</li></ul>

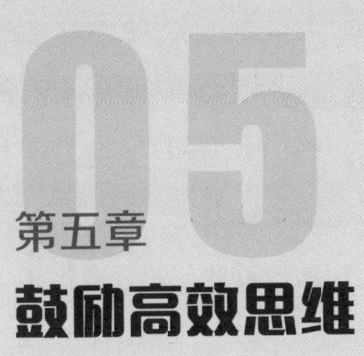

第五章
鼓励高效思维

> 问题是处在困境里的机会。
> ——保罗·霍肯

在伦敦,有个人走进一家当地超市的农产品区,想要买半棵生菜。负责售卖的一个小伙子告诉他,生菜只能按整棵买。这个人坚持只买半棵,小伙子只好去请示部门经理。

他走进经理的办公室,对经理说:"有个老乌龟只想买半棵生菜。"他说完后,一转身发现那个人正站在他背后,于是马上补充道:"而这位绅士主动表示愿意买下另外半棵。"

经理批准了这个交易,那个人满意地离开了。之后,经理对小伙子说:"你化解尴尬的方法让我印象很深刻。我们这里特别欢迎反应快的人。小伙子,你是哪里人啊?"

小伙子回答:"先生,我来自新西兰。"

经理问:"你为什么要离开新西兰呢?"

小伙子说:"因为那里只有妓女和橄榄球运动员,先生。"

"是吗?"经理说,"我妻子就是来自新西兰!"

"真的吗?"小伙子回答,"那她是为哪支球队效力呢?"

这是以电子邮件形式流传的一个关于反应敏捷的小故事(我做了一点小修改)。

从孩子们出生的那一刻开始,他们就在尝试了解生活是怎么运作的。艾莉森·高普妮克把他们形容成"摇篮里的科学家"。他们提出假设、测试假设,并且通过实践来确认假设的效果。

例如:

- 如果我大声叫喊,父母会来到我旁边吗?
- 如果我再掉几滴眼泪,会有什么效果?
- 如果我说睡不着,是不是就可以不睡觉了?
- 如果我拿个东西砸弟弟,是不是就会有人注意到我了?
- 如果我在学校不那么努力,是不是就可以早点离开学校了?
- 如果我趁爸妈不在家的时候开一个派对,他们会发现吗?

父母就是孩子们实验室里的小白鼠。为了改变这个现象,作为父母,你需要帮助他们把注意力从试验父母转移到探索周围世界上去。

等孩子们更大一点的时候,他们就会变得像小公鸡一样,一大早就起来,对一切都充满兴趣。他们的好奇心非常重,会问各种各样的问题:为什么月亮晚上才亮呢?为什么月亮白天不发光呢?关灯的时候光线去哪儿了呢？为什么天是蓝色的呢？为什么水是湿的呢？为什么小狗是毛茸茸的呢？

孩子们以 160 万千米 / 小时的速度在思考，他们就像海绵一样大量地吸收和理解各种信息。最大的问题不是如何让孩子好奇，他们已经很渴求新知识了；最大的问题是如何让他们保持好奇心。

不幸的是，到了六七岁的时候，很多孩子就会失去学习的意愿，不再问问题了。他们开始担心什么是正确答案。有些孩子甚至会悻悻地发现自己不是班级里最优秀的，觉得自己很失败。当然，不是所有的孩子都会这样，但是对大部分孩子来说，好奇之光渐渐暗淡了。

对家长们来说，真正的问题不是如何让孩子思考，而是如何让孩子保持思考；如何保持好奇的星星之火一直明亮，而不是让它被压抑得暗淡无光。

生活中，成功的基础就是思考。想在任何事情上进步都需要高效的思考。好消息是一旦你可以更有效率地思考，你就可以把这些技巧运用到生活的各个领域。

高效的思考方法是可以被描述、教授和学习的。在下面的章节里，我会把它们列举出来，教给你们一些扩展思维和保持活跃好奇心的方法。在这个复杂的世界里，只有那些思维清晰、深刻、简捷的人才会显得出众。作为父母，你的任务就是先帮助孩子建立非常简单的想法，然后清除掉杂乱的部分，让真正重要的东西显露出来，再看看还缺些什么。

帮助你的孩子进行清晰地思考是一个长期的过程。我怀疑你会把这些思维方法一次试个遍。我希望，随着时间的推移你能学会合理运用每一种思维方法。有条理的思维不仅可以带来创造性和灵活性，还能创造幸福的生活。

相同，但同中有异

※

泰国有句谚语几乎囊括了所有人类的思想：相同，但同中有异。人们的大脑就是通过识别相同和差异来形成概念的。

人们的思维有一定的模式，这些模式或结构是在我们弄清楚两个事物的不同之处，然后把它们区别于第三个事物的时候构成的。

随着世界信息化，网络搜索功能日渐强大，人们可以接触到越来越多的碎片化信息。然而，能接触到信息并不代表你理解它，理解它并不代表你知道如何运用它。观看医学类节目并不能让你成为一个外科医生。因此，你需要通过要求你的孩子思考不同事物间的相同之处来建立、支持和扩展碎片信息之间的联系。

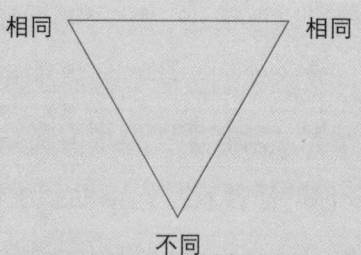

在西方世界，同中有异的思维方式被广泛用来定义相同点和

不同点，掌握这种思维方式能够让学术成就提高 45%。这会让你的孩子从超过班上 50% 的孩子进步到超过班上 95% 的孩子。

人们的思维都是自然形成的，但是你可以通过对孩子提下列问题鼓励他们思考：

- 苹果和橙子有什么相似之处？
- 狗和长颈鹿有什么相似之处？它们和水牛有什么不同？
- 哥特式建筑与新艺术风格有什么共同点？
- 美国独立战争与法国革命有什么相同点？
- 光速与声速有什么相同和不同的地方？

■ 知道并理解简单的想法

> 我从一个简单的想法开始，然后它变成了另外一个样子。
> ——巴勃罗·毕加索

大多数天才的行为都是通过把简单的想法用新的思维连接起来，创造了一个认识事物的全新视角。爱因斯坦曾经说过，想象力比知识更重要。他是对的，但是首先，你必须要拥有知识。

对孩子而言，获得基础知识的最好方法就是有爱自己的父母陪伴，并且父母知道，他们职责的一部分就是帮助孩子探索和理解这个世界。做父母也是一次学习的机会，因为他们要为各种稀奇古怪的问题找到答案。最好的激发孩子天分的方法就是告诉他们:"好吧,我不知道答案,但是让我们一起来寻找吧!"

让我们想象一下,如果孩子问你风从哪里来,你将怎么回答。你可以直接给孩子一个简单的答案(比如说海洋)或者是用搜索引擎得到一个更深层的答案。不过,这也是一个把问题转变成很好的学习机会的时机。当然,父母不是每天都有时间来处理孩子提出的每个问题,但是,总会有某个时候你可以回答孩子的问题,同时将问题和其他一系列相关的话题联系起来。

例如,为了回答风从哪里来的问题,你可以在一张世界气象图上分辨哪些地方预报有风,哪些地方没有风。你还可以找一张显示等压线的气象图,并弄清楚不同地区的风向。

如果有热带气旋或是飓风,你也可以和孩子一起学习这些东西。如果你的孩子对此表现出兴趣,那你就可以把话题转移到闪电、云和雨上面去。然后你们可以一起出门放风筝,或者带他们去冲浪和航海。

发散思维是个很重要的技能,但是不要做得太过火了。如果你看到他们的眼神开始发呆,就问问他们是否还对风感兴趣,或者直接停下来。要明白过犹不及的道理。

首先,你要保证孩子知道和理解基础的思维和知识。之后,如果他们依然感兴趣,你就可以在这个知识上进一步拓展。他们的热情可能会随着时间的推移而变化,但请尽可能利用他们的兴趣来拓展思维。同时,利用这个机会告诉他们,成年人也会借此学到新东西。比如,你可以告诉他们:"你记得上个星期问我的那个风从哪里来的问题吗?

关于这个问题我知道了一些新知识呢……"就像苏斯博士说的一样："噢，你可以学到的多得很呢！"

■ 用事实帮助理解

父母不应该只注重事实本身，而要把精力放在帮助孩子弄清事实之间的联系上。只有这样，才能把信息转化成理解力。在可以轻松上网查询各类知识的今天，拥有百科全书式的英国王室历史知识可能不是必要的。在我们当今的世界中，事实是很容易获取的，而思考力、判断力和智慧却是稀有的。

有些事实固然是需要掌握的基本技能，但是不管怎么说，事实都只是知识的骨架。构筑知识主体的血肉还是要靠学习把事实联系起来。

传统的学校把知识划分成一个个具体的科目。可是我们知道，天才的工作方式是架起知识领域之间的桥梁，而不是将其分割开来。比如，历史课上讲授的常常是一些没有联系的事件——希腊史、罗马史、中国史——普遍都没有把它们之间的联系体现出来。《训练有素的头脑》一书的作者苏珊·怀斯·鲍尔提出了一个更好的学习模式。她建议和孩子一起列出在同一历史时代发生的所有世界大事的时间线。她还建议在走廊上贴一张很长的纸，按时区划分好，标出发生过的重大事件，然后帮助孩子在地图或者地球仪上找到相应的地方。

用事实引导孩子到更有趣的问题上去。例如，当我们为动物分类的时候，可以把哺乳动物描述成体温恒定、会生育后代（而不是产卵）、大部分体表都覆盖着浓密毛发的动物。

你可以引导孩子进一步思考：猫、狗和树袋熊是哺乳动物吗？（是。）蛇和鳄鱼是哺乳动物吗？（不是，因为他们是卵生。）大多数鱼类是哺乳动物吗？（不是，他们没有毛发。）世界上存在生活在海里或河里的哺乳动物吗？（存在，鲸和鸭嘴兽。）世界上存在卵生的哺乳动物吗？（存在，针鼹。）

孩子4岁之前的学习都需要父母引导。有时候你甚至需要对一些知识进行系统的讲解。

孩子四五岁之后，你在帮助他们拓展知识的过程中会变得更有探索性。我们正是在将各种事实联系起来进行思考的过程中让孩子的天赋得到发展。

我们需要孩子学习一些客观法则。显然，如果你连基本的语法都弄不清楚，又怎么能分析一篇论文的意思呢？如果你不懂乘法口诀，又怎么能完成难度更大的数学方程式呢？

让阅读成为家庭生活的一部分。做饭时你可以让孩子帮忙，顺便让他学习字母或单词。比如你对孩子说："可以把盐递给我吗？就是上面有'S'字母的那个瓶子。"每天设定一个固定的阅读时间。很多孩子都是在学会写字之前先学会阅读。

把数字带入日常家庭生活。孩子需要学习乘法表和多项除法。你可以让他们找来4个苹果，然后问他们："如果我把它们都对半切开，总共有多少块呢？要是把它们都切成4块呢？"

纸牌游戏可以帮助开发孩子的数感，数手指和脚趾同样可以。在捉迷藏游戏中，你喊出"准备好了吗？"之前，可以从1数到10，从10数到1，也可以间隔2个、5个或者10个数字地数。

孩子并非天生就会把不同的想法联系起来，但是你可以通过向他们提问，展示那些相关联的地方，以此来教他们思考。比如说，你可以教孩子2的乘法口诀，然后在叠衣服的时候问他们："爸爸有10只袜子，一共是几双呢？"或者是"如果我有10块蛋糕，把蛋糕平均分给5个孩子，那每个孩子分得几块呢？"

你还可以这样向孩子提问："你能说出所有和8有关联的东西吗？"孩子们可能会说出一大串：

4+4=8；

6+2=8；

5+3=8；

4×2=8；

10−2=8；

3×8=24；

24÷3=8；

大多数人的睡眠时间是8小时；

8是一个偶数；

我8岁了；

爷爷80岁；

80是8的10倍，所以爷爷的年龄是我的10倍；

8是2的立方；

章鱼有8条腕足；

八边形有 8 条边……

帮助孩子看到和弄清这些联系可以扩展他们的思维，激发他们的天分，同时还能锻炼思维的灵活性。答案虽然是"8"，但是我们可以提多少关于 8 的问题呢？

■ 请学会仔细观察

> 获得好想法的途径是，先思考出很多想法，再把不好的过滤掉。
>
> ——莱纳斯·鲍林

另一种帮助孩子成为高效思考者的方法是，磨炼他们的观察能力。婴儿们都很擅长观察周围的人。把这种孩子般的开放心态保持到成人时代是很棘手的。在这个注意力缺失的世界，只有那些敏锐、善于观察和思考的人才能出众。

学会注意和观察并不像看上去那么简单。它并不是仅仅让事物进入你的视野就行，而是要知道观察什么、如何观察。

做一个敏锐的观察者意味着思考和弄明白我们看到、听到、感觉到、触碰到以及闻到的东西。也就是说，你要利用你的一切感官感知，然后再问自己："我可以从中学到些什么？"

观察可以让天才的大脑运转起来。天才们能够保持他们孩童时期的好奇心，并且将这种好奇心像激光光线一样精准地运用到他们感兴趣的领域中去。

很多孩子主动学习的热情被转换成被动地接受知识，这是很可怕的。我们这个社会对待学习的态度非常奇怪。我们认为冒险和玩乐不算学习，而且把学习看作一件很困难的事。我们把学习分割成碎片化的知识，学校把这些碎片知识称作"课程"。于是，学习就从我们原本自发想做的事变成了我们必须要做的事。

大多数孩子天生就是聪慧的，所以他们的能力可以一直提升。父母在帮助孩子培养观察能力的同时也激发了孩子的天赋。下面的活动可以帮助孩子提升观察能力。

- 玩寻人游戏；
- 玩侦探游戏；
- 看悬疑电影；
- 找不同；
- 找到画里缺少的东西；
- 玩记忆游戏，如一次性记住托盘里的10个物品；
- 为包里的东西找到主人；
- 诠释照片和艺术作品；
- 猜谜语和解决悬疑案件。

有一个很好的活动叫"感觉侦探"，这是父母和孩子从他们看到的人身上寻找线索的有趣活动。例如，让孩子猜测走在街道上的那个人过了怎样的一天，他现在是什么心情，他可能正在做什么，他的工作可能是什么等等。这不仅可以锻炼孩子的观察能力，还能提高他们的情商。

当你提议做这个游戏的时候，年纪稍大的孩子和青少年可能会用怀疑的眼神看着你，向他们保证，这是一种有趣又有效的方法。这会帮助他们找到要找的人。

观察并不仅仅是看到存在的事物，也要看到并不存在的事物。在迪士尼去世后，迪士尼乐园才正式开始营业。有些人评论说："华特没能活到它开业的时候，真是莫大的遗憾。"而迪士尼的一个朋友却反驳说："正是因为华特可以看到，迪士尼才会存在于这个世界上。"

1937年，一个叫西尔万·戈德曼的杂货店主发现，人们通常只会购买双手能拿得下的商品。通过思考这个问题，戈德曼先生找到一些木制的折叠椅，并安上轮胎和篮子，从而发明了购物车。

观察力跟感觉相关，尤其是视觉。天才级别的观察力来源于能够思考出事物之间是如何联系的，有时候还会思考缺了哪些东西。

不要止步于第一印象。很多人通过观察获取第一印象，以此作为评判标准，之后就停止思考了。雷克斯待在舒适区内，还告诉艾伯特不要工作了。天才们的好奇心是无止境的。他们不光注意到，还会一直关注下去。当他们开始观察后，还会继续提出疑问，来检查他们的第一印象是否正确。

这是小红帽教给我们的宝贵一课，并不是所有坐在床上自称是外婆的人就真的是外婆，仔细观察非常重要。

■ 勇于犯错

> 努力过，失败过，没关系。屡战屡败，屡败屡战，每一次失败都比上一次更接近成功。
>
> ——塞缪尔·贝克特

对天才来说，敢于犯错是一项必备的能力。在你知道如何把一件事情做错之前，你基本上是很难把这件事情做对的。鼓励你的孩子把犯错当作成功的必经之路。

甚至还有一些伟大的发现就是通过犯错得来的。哥伦布发现美洲大陆时，他的本意其实是寻找印度。亚历山大·弗莱明发现盘尼西林是因为他发现自己的培养基里面生长出了一种能抵抗细菌的霉菌。不犯任何错误的人是无法做成任何事情的。

创造一件新事物的过程也是一个犯错的过程。以畅销吸尘器品牌戴森（Dyson）吸尘器为例，在做出成品以前，发明者做了5127个模型机。"前5126个都失败了，但是我从中吸取教训，最终得到了好的解决办法，所以我并不在意失败。"

巴黎有一个犯错节，这个节日给了孩子们体验犯错和挑战胆怯心理的机会。

1961年5月25日，约翰·肯尼迪发出挑战，他预测在10年内，必定会有人成功登上月球并安全返回。美国国家空间委员会第二天就开始执行这个任务，但是他们并没有立刻配备一名宇航员。3年后，美国国家航空航天局发射了"徘徊者7号",它以9434千米/小时的速度飞往月球。在经历了15次试验之后,终于在1969年7月21日,"阿波罗11号"载着3名宇航员成功登陆月球。

犯错是成功的必经之路。如果你陷入僵局,一个错误可能就是解救你的钥匙。任何创新的成果都是一系列失误的产物,失败可以扫清成功路上的障碍。20世纪70年代,三个年轻人发明了一种叫作Traf-O-Data的计算交通流量的方式。虽然这个方法失败了,但是他们从自己的失败中学习,创建了一个新的公司——微软。

人们在成名之前,总是有一段寂寂无名的时光。3M实验室研究员斯宾塞·西尔沃本意是研究一种强力胶,结果却只研发出了黏性很弱的胶水,便利贴恰恰因此诞生。披头士乐队在出名之前,也曾在俱乐部和酒吧里辗转驻唱了好多年。

摆脱渴望孩子在短时间内取得成功的焦虑感,让他们自由地玩耍、体验、梦想和创造。

鼓励你的孩子犯错。就算孩子明知答案不对,也要让他们把答案说出来,然后问他们为什么觉得答案错了。这种方式可以鼓励孩子进入思考的状态,而不是让他们耸耸肩,继续迷惑不解。学习如何从错误的答案中获取解决问题的方法是大多数伟大的思想家成功的方式。

建立一种接纳犯错的家庭氛围。大多数人会想要掩盖自己知识的漏洞,隐瞒自己的错误,并且希望不被发现。这样做的代价就是,我们不再充满好奇心。

当你要建立一种允许犯错的家庭氛围时,要先从你自身做起。允许自己每天犯12个小错误,然后当第一个错误发生的时候,想着:"已经有1个了,只剩11个啦!"

> 我的职业生涯中有9000多次投篮未中。我输掉了近300场比赛。有26次我被委以投决胜球的重任……但是我投空了。我一生中失败了一次又一次,这就是我成功的原因。
> ——迈克尔·乔丹

■ 对自己提问

> 人人都相信的事情不一定是对的。
> ——伽利略

提问是智慧的一种象征。天才们看着其他人都能看到的事物,却想着别人没想到的问题。

苏格拉底曾经说过,所有的思考都起源于疑问。他的整个教学方法都建立在提出问题而不是给出答案上。如果你提不出好问题,就说明你无法清晰地思考。孩子需要思考才能提出问题。

天才们不怕提出非常浅显的问题。正是通过提出别人认为很愚蠢的问题,他们才想出那些让人惊叹的好办法。

一旦天才们发现问最简单的问题也不会被责怪,他们接下来可能就会问最古怪、最离奇、最异乎寻常的问题了。这让他们可以把这些答案和想法用一种新的、有趣的方法联系起来。

大多数天才会把想法重组，然后用特有的方式联系起来。爱因斯坦通过幻想乘坐一道光束而建立了相对论。物理学家尼尔斯·玻尔为了理解量子力学，在不同的时候会把自己的观点和研究结果进行调换。前一天他会假设量子力学是对我们这个世界的正确描述，然后研究它的含义，第二天他可能又会假设量子力学是错误的。

听一下和你处于不同位置的人的想法。教你的孩子学会和自己的想法"唱反调"。鼓励孩子向自己提问的一个办法是使用写满各种问题的思维卡。你可以自己做一套思维卡，或者从网上下载一套。

下面这些问题可以用来启发孩子。

- 这件事情为什么重要？
- X 和 Y 之间有什么关系？
- 能举个例子吗？
- 有可供选择的方法吗？
- 有哪些针对 X 的选项是正确的？
- 你有证据证明这一点吗？
- 你还需要什么信息？
- 你能解释一下原因吗？
- 这些理由充分吗？
- 你如何能找到更多理由？
- 你能确定和不确定的方面有哪些？

■ 使用思维程序

这里的思维程序指的是罗恩·理查德和他的同事们为老师开发的一些问题,家长可以利用这些问题训练孩子的思维。下面的问题可以帮助你的孩子就某一主题或者学习领域挖掘得更深。

观看,思考,发问

你可以利用这种办法来培养孩子的好奇心。拿一张照片或一幅画,向孩子提出下列问题:

- 你看见了什么?
- 你觉得图片上在发生什么?
- 图片上哪些东西让你觉得奇怪?

放大

你也可以给孩子看图片的一部分后提问:

- 你看见或注意到了什么?
- 你觉得图片上在发生什么?

每次透露一点图片的内容后继续问上面的问题。这种方式可以帮助孩子学会假设和证明。

思考,困惑,探索

你可以利用这种办法帮助孩子针对某一事件或话题拓展思维:

- 你对这件事了解多少？
- 你对该事件有什么疑问？
- 哪些方面令你困惑？我们如何才能解开这些疑团？

写新闻标题

让孩子总结一个故事或历史事件后写一个新闻标题。

- 恐龙警报：小行星撞击地球
- 棒球赛没完没了
- 泰坦尼克号：永不沉没的游轮

■ 是对？是错？有可能？

可以和孩子玩"对，错，有可能"的游戏。

- 狗身上有跳蚤。我的狗身上有跳蚤吗？
- 所有的鸟都下蛋。喜鹊会下蛋吗？
- 莎莉比詹姆斯大1岁。莎莉比詹姆斯高吗？
- 我不让妹妹和我玩，她会哭。妹妹恨我吗？
- 巴瑞认为珍妮画画很好。珍妮画画很好吗？
- 这条路可以安全通往学校，但雾天比较危险。这条路明天安全吗？
- 昨天晚上如果泰伦的朋友到场，他就能打网球了。泰伦昨晚打网球了吗?

在一个不善于思考的世界里,经常玩这类游戏可以让孩子赢在起跑线。

■ 有疑问时,列出来

虽然很多孩子可能有自己偏爱的专注方法(参照第四章),但最好先用一个可见的轮廓来连接那些观点。大脑气泡图(也被称为思维导图)能把想法联系起来,并帮助孩子们看到概念之间的联系。举一个例子,请看下面关于"思考"这个概念的思维导图。

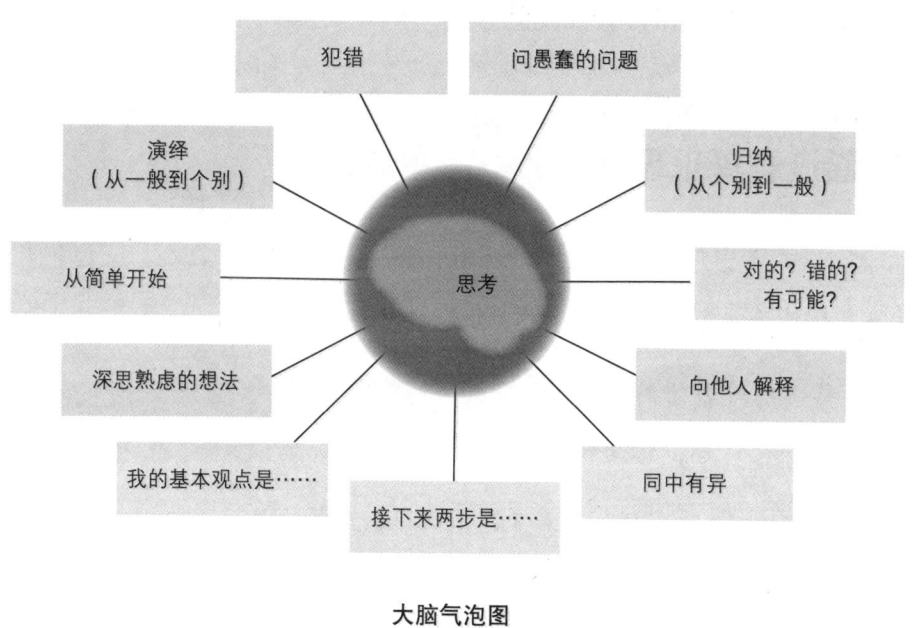

大脑气泡图

■ 深思熟虑的想法

我们的世界似乎倾向于最快的而不是最好的想法。虽然健谈的人经常会机智地反驳，但是天才们知道，他们需要对想法精雕细琢。

你内心的雷克斯想尽快停止思考，回去休息一会儿。虽然你的大脑渴望快速得到答案，但是请让大脑减速。因为第一个答案往往是大多数人都能想到的最没有创造性的答案。请先睡一觉再做决定，散一会儿步，做点儿别的事或者小憩一会儿。你足智多谋的大脑会给你带来惊喜。

你可以通过中途停止讨论来帮助你的孩子学习这个方法，告诉他们："我们明天再讨论吧，看到时候会有什么新点子。"教会孩子静静的什么都不思考，和教会他找到答案一样重要。

■ 通过解释来理解

学习一件事最好的方法就是把它解释或教给另一个人。父母们可以试着提出下面这两个很好的问题：

- 你可以给我讲解一下吗？
- 哇，有意思，你为什么会这么说呢？

父母们的任务不是纠正解释。不要因为这世界上没有紫色的鸭子就说他们画的紫色鸭子是错误的，这不是孩子们想要的评价。相反，把想法告诉一个完全认可自己的人的过程是对思维的一种拓展。

很多父母担心,如果他们不纠正那些想法,他们的孩子学到的就是错误的知识。父母如果像学校一样总是挑出孩子的问题,容易让他们变得过于谨慎,或者让他们觉得正确答案只有一个。这不是通往天才的路。

当然,允许孩子犯错也是有限度的。苹果的首字母当然是"a",1加1当然等于2,这些都是需要指出来的。对于更加复杂的问题,用开放的心态帮助孩子推导他们自己的想法,用平和的语气将问题解释清楚是最为理想的。

■ 让思考变得有趣

不要在茫然中度过每一天。学习应该是一种玩耍。把各种问题进行融合、拓展是一件非常有趣的事,把它们里里外外、上上下下都研究个透,全方位地进行拓展。通过和各种问题玩耍,让孩子们明白观念都需要接受一些考验,应该用批判和质疑的态度面对答案。

创造力经常在我们用蔑视的态度看待当前的想法时出现。戏剧套路十分生动地说明了这个问题。艾伯特和卡斯特罗的经典相声《谁在一垒》就玩了一出滑稽的文字游戏。两个罗尼(罗尼·巴克和罗尼·科伯特)也很擅长这种艺术。当然,我们也可以让孩子试着看看巨蟒剧团的表演、傻瓜秀和其他荒诞喜剧。

■ 走哲学家的路

在日本的京都附近,有一条路被称为哲学家之路。西田几多郎——日本最有名的哲学家之一——每天去京都大学的时候,都会在这条路上思考和沉吟。这条路毗邻一条运河,路边长满了樱花树,现在人们也常在这条路上沉思。

几千年来,人们经常在迷宫和圆圈里边走路边思考。找一个安全又令人愉悦的地方,一边散步一边思考,将这种方式变成一种家庭习惯很值得尝试。

■ 演绎法和归纳法

最后的这个方法最复杂,如果你需要多花一点时间才能理解的话,千万不要气馁。对于已经学过哲学的读者,我先道个歉。为了让大多数孩子和家长能够理解,我把这个很复杂的概念简化了。

人不是获取想法,而是创造想法。孩子需要学会思考,而不仅仅是接受别人的想法。这里有两种不同的分析事物的方法。

演绎法,指的是我们通过把一些经过论证的想法联系起来而得出结论。科学试验和侦探推理就是两个很好的例子。夏洛克·福尔摩斯的侦探推理就是把大量的线索用最符合逻辑的方式联系起来,然后进行解释。

归纳法,就是我们做了很多研究,然后得到了一个关于世界运行的很广义的结论。比如说,社会学家进行了一个针对特定对象的观察试验,想得出一个关于人类行为的普遍理论。

侦探(使用演绎法)和社会学家(使用归纳法)都是在让知识去适用另一种情境。思考,就是用新的方式把信息联系起来。

在现实生活中,我们很多时候都会用到这两种思考方式,但是,让孩子知道你可以有意识地用不同的方法来思考同一件事是很有用的。

下面是对演绎法和归纳法的比较。

思考的步骤	
演绎法	归纳法
演绎法是从一个宏观的结论演绎出特定的个体。	归纳法是从特定的个体或观点归纳出一个普遍的概念或理论。
演绎的过程就是减少的过程。	归纳的过程就是增加的过程。
演绎就是从很多的观点中慢慢提炼出一个主要的观点或者理论,也就是从普遍到特殊的答案。	归纳法就是扩大某个观点的适用范围,即从特殊现象到普遍观点或理论。
演绎法经常被用来理解过去发生的事。	归纳法经常被用来预测未来。

续表

思考的步骤	
演绎法	归纳法
演绎出一个结论。	归纳出一个前提或者理论。
提炼和测试一个观点。	探索和开放。
以真理开始,看看如果这个观点正确,还有什么是正确的。	以观察开始,确定从观察到的信息中可以得出哪些一般结论。

演绎法和归纳法的例子	
演绎法	归纳法
快乐的猫会发出呜呜声。	所有的猫快乐时都会发出呜呜声。
我轻拍猫的耳朵,它会发出呜呜声。	当我轻拍猫的耳朵时,它会发出呜呜声。
我的猫喜欢我拍它的耳朵。	如果我想让我的猫快乐,我就应该经常轻拍它的耳朵。

我猜上面这个有关猫的情绪和它发出呜呜声的例子并不能给你特别惊奇的感觉。两种思维方式各有其优缺点。

演绎法对于把众多观点联系起来推理出一个经得起测试的理论很有用处。但是我们要做的是测试这个理论,而不是强行让我们的观点符合这个情境。

归纳法对于把我们观察到的结果转化为被观察事物的运行规律很有用。但是，如果观察不够全面的话，结果就会误导我们，有时还会让我们做出不够准确的判断。比如，种族歧视就是建立在错误的归纳法的基础上。

演绎法和归纳法可以引导我们得出不同的结论	
演绎法	归纳法
优秀的学生要做家庭作业。	孩子抱怨家庭作业。
我想让我的孩子变优秀。	不开心的孩子会抗拒学校。
我要找个方法让我的孩子做作业。	学校不应该让孩子做家庭作业。

无论你认为哪一种观点更有说服力，它们对于权衡问题、得出结论或理解思维的局限性都是有用的。

■ 提正确的问题

正确提问和质疑答案的必要性有多大呢？在电影《粉红豹》里，克鲁索探长就给我们做了很好的示范。克鲁索探长想要进一家酒店，他看见酒店的门厅里趴着一条狗。于是他就问接待员："你的狗咬人吗？"

接待员说："不，我的狗不咬人。"

然后克鲁索探长轻轻地抚摸了一下那条狗，结果那条狗居然要咬他。

克鲁索探长愤怒地对接待员说："你不是说你的狗不咬人吗？"

接待员回答："这又不是我的狗。"

你可能会对归纳法表示不满，认为它只注意到事物本身，就强行把它们运用到生活的方方面面，但是你得明白，演绎法也不完美。这一点在道格拉斯·亚当斯的"银河系漫游指南系列"中得到了很好的诠释。它通过鲸鱼思考自身存在的例子，展示了笛卡尔的公理"我思故我在"是如何误导我们的。

下面是对鲸鱼演绎思维的总结：

我思考所以我存在。

我一直靠吃小鱼生存。

小鱼不思考，

所以小鱼是不存在的，

所以我一直什么都没有吃着。

难怪我饿坏了。

我们一直都在使用演绎法和归纳法进行论证。学会使用它们并且知道它们的局限性是非常有用的。

在数学脱离了归纳法后，很多人开始对数学感到头疼。

如果我有1个苹果和1个橘子，那么我一共有多少个水果呢？

当然是 2 个了,因为 "1 + 1 = 2" 这条公理是成立的。这就是归纳法。但是,当一个问题没有明显的答案时,演绎法就需要登场了。

对于像 $x + 3 = 6$、$x \times 9 = 27$ 和 $x - 3 = 0$ 这样的方程式,你需要从一系列的例子中,推断出 $x=3$。

很多人停止思考,是因为相比不确定性,他们更喜欢一个肯定的答案,哪怕这个答案是错的。

天才是那些坚持思考、坚持提问和坚持质疑的人。他们认为,和思想打交道很有趣,而且答案往往不止一个。

归纳法是富有想象力的,需要有观察能力,同时也需要渊博的知识,这样才能思考如何将自己看到的事物运用到其他场合。

演绎法需要观察,然后把所有的想法都综合起来,得出一个经得起考验的观点。

帮助孩子高效思考的方法	
年龄(2~4岁)	■ 帮助孩子认识简单的联系。 ■ 熟悉基本的概念,如日出、日落、天气、季节及其变化、动物间的相同与不同之处。 ■ 从玩一个拨浪鼓过渡到玩一个拨浪鼓加一个可以敲打的鼓,并观察其中的变化。 ■ 鼓励孩子玩字母猜谜、简单的拼图、沙子和泥巴。 ■ 语言是思维的基础——对物体进行比较,找到异同并进行讨论。

续表

	帮助孩子高效思考的方法
年龄（5~7岁）	■ 就某个话题进行讨论，并联想到其他相关话题。 ■ 玩"找不同"的游戏。 ■ 猜谜语，阅读谜语类书籍。 ■ 玩简单的记忆类游戏。 ■ 谈论犯错的重要性。 ■ 谈论事物的变化——云朵形状变幻莫测，大海潮汐有涨有落，月亮有圆有缺，水既可凝结成冰又能煮沸冲咖啡。 ■ 鼓励孩子多玩乐高和连线游戏。 ■ 用橙子、足球等做一个太阳系模型。 ■ 对感兴趣的话题进行调查研究。 ■ 利用互联网、百科全书、YouTube视频、TED演讲等帮助孩子做基础研究。 ■ 用下列问题分析你读过的故事： 　● 故事的主要观点或内容是什么？ 　● 主人公是谁？ 　● 故事里是否有坏蛋？是谁？ 　● 你最喜欢故事的哪部分？ 　● 你最喜欢或最讨厌故事里的哪些角色？为什么？ ■ 探索基本的概念——重力、天文学、速度、时间、磁场、光。 ■ 玩磁铁和镜子。 ■ 建宇宙飞船模型。 ■ 制定一周目标。

续表

帮助孩子高效思考的方法	
年龄（8~11岁）	■ 按照线索像侦探一样进行推理，这是演绎推理的基础。 ■ 用事实作为桥梁来扩展理解范围。把几个想法联系起来，形成一个关于世界如何运转的理论，并验证这个理论。这是归纳推理的基础。 ■ 你可能需要使用一些思考工具，如爱德华·德·博诺的思考帽和PMI（优点、缺点、有趣）。 ■ 研究伟大的思想和思想家。 ■ 用线索寻找答案。 ■ 用答案推导出普遍的理论。 ■ 列出复杂观点的利弊。 ■ 玩拼图。 ■ 玩"妙探寻凶"游戏。 ■ 参观天文馆。 ■ 参观自然历史博物馆。 ■ 阅读侦探和间谍小说。 ■ 观看喜剧表演，品味台词的含义。 ■ 教孩子PICCA方法（请参照第七章）。
年龄（12~18岁）	■ 讨论演绎推理和归纳推理的概念。听起来很高深，但孩子在8~11岁就已经使用过这两种方法。 ■ 使用思维导图、气泡图。 ■ 教孩子学习辩论，以及从利弊两方面来看待问题。

续表

	帮助孩子高效思考的方法
年龄（12~18岁）	■ 阅读或观看悬疑类恐怖小说或电影，帮助孩子认识到很多事情不能只看表面。 ■ 阅读侦探和间谍小说。 ■ 探讨概率，用掷骰子来解释这个概念。 ■ 通过哲理辩论或探讨来拓展青少年的思维。找到有争议的问题，并进行以下讨论： 　● 如果我们不舍得让受伤的动物痛苦，为什么不用同样的方式对待人类？ 　● 如果我们可以吃牛和羊，为什么不能吃猫和狗？ 　● 如果碳排放会污染地球，为什么不禁车？ ■ 青少年常常胸怀大志，帮助他们找到热爱的领域进行探索研究。鼓励他们给报社编辑或政治家写信。告诉他们思维是如何变成行动进而改变世界的。 ■ 用写日记的方式记下自己的想法。 ■ 玩逻辑推理游戏。

第六章
教孩子做计划

> 成功不会从天而降，你必须努力去争取。
> ——玛瓦·柯林斯

沃尔特·米歇尔做了一项调查研究，让孩子们选择是立刻吃一块棉花糖还是等他回来后吃两块（前提是孩子们在他离开房间的15分钟内忍住不吃第一块），结果，只有30%的孩子能够抵制第一块棉花糖的诱惑。

面对棉花糖，能够忍住不把它放进嘴里吃掉被视为具有自我控制能力。是否能够抵制脑海中出现的第一诱惑是预测人生能否成功的重要指标。那些能够经受住第一块棉花糖的诱惑并且坚持等到第二块棉花糖的孩子在30年后更有可能在学业和事业上取得成功，身体更健康，能做出更好的选择，同时还能够保持婚姻关系的完整。谁会想到抵制一块棉花糖的诱惑会产生如此大的影响呢？

大卫·弗格森在新西兰的克赖斯特彻奇市对 1200 多名儿童进行了长达 30 年的研究。他发现，孩子控制第一冲动的能力更强，预示着他们在生活中会有更好的表现和更少的犯罪行为。

孩子的大部分快乐将取决于他们制订积极计划、做出决定并贯彻这些计划的能力。教孩子自问："如果我这样做，会怎么样呢？"做计划的能力实际上是艾伯特（代表聪明和理性）对雷克斯（代表任性和非理性）的胜利。雷克斯想做第一件事，同时希望怎么舒服怎么做。艾伯特会制订计划，并且考虑回报及后果。

将棉花糖实验放在另一个场景，我们发现，能在完成任务之前不玩电脑游戏的人未来成功的可能性更大。

天才总是先解决难题。他们知道，如果总是游手好闲、懒懒散散，他们永远不会成功实现目标。然而，很少有孩子能够控制住内心的冲动。大多数孩子的脑子里都住着一个任性的雷克斯，它总是要这要那。

我们生活的世界似乎在推崇一种即刻满足感——我现在就想要！许多人都有 FONK 和 FOMO 的毛病。FONK 代表"害怕未知"，而 FOMO 代表"害怕失去"。这导致儿童大脑里被塞满各种信息，唯独缺乏智慧。他们沉溺于社交媒体和电脑的刺激中，无暇反思、思考和计划。

在这个重视满足雷克斯各种任性需求的世界里，延迟满足能给艾伯特一个成才的机会。

现在放下书本，我们来制订计划。先玩玩下面这个迷宫。

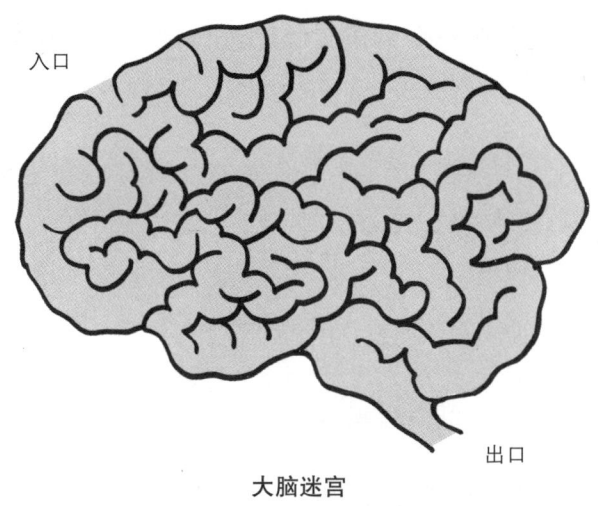

大脑迷宫

你准备怎么走呢？我的猜测是，在决定下一步的行动之前，你不得不向前看看，把所有的可选项都考虑一下。

行动还是不行动，这个过程需要你再三斟酌。就像那些成功的网球、棒球和板球运动员一样，他们需要准确判断什么时候该挥棒击球，什么时候要按兵不动，我们也都需要学会慎重考虑问题。

■ 教孩子制订计划进度表

如果你愿意，可以直接在地上画一条计划路径图，另外，图表、便利贴和可擦白板都可以用来帮助制订计划。

用便利贴举个例子。让孩子在一张纸条上写出或画出他们想要的结果，然后让他们在便利贴上详细地写下实现目标的一个个小步骤。可以使用不同颜色的便利贴。

将这些便利贴按一定的逻辑顺序进行排列，这有点像修建一条通往目的地的小径。

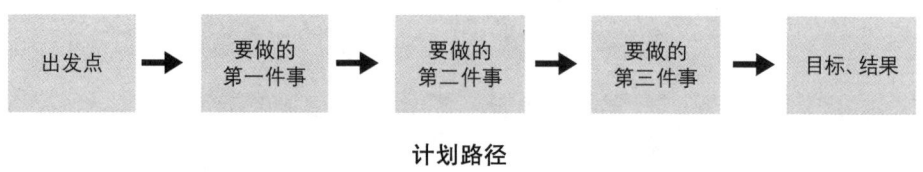

计划路径

下列问题可以帮助启发孩子。

- 你希望最终的结果是什么？
- 你为什么想要这样的结果？（要求孩子解释他们的想法是为了保证最终结果确实是他们自己想要的。）
- 向目标靠近，你认为我们能做的第一步是什么？（年龄小的孩子可能会直接跳到最接近目标的那一步。如果确实如此，想办法帮助他们找到中间漏掉的步骤。可以这样提醒他们："你的想法很好，让我们来看看这两步中间会发生什么呢？"）
- 接下来会发生什么？
- 我们接下来要做什么？

给孩子时间去思考。你可以帮助他们，但不要急于给出建议。（你应该从现在就开始帮助他们学会做计划。）

有时候用不同的方法也可以实现同样的目标。这种情况下，父母可以帮助孩子再制订多个计划路线。

对于较为复杂或重大的计划，你最好帮孩子找个可靠的地方把计划进度表暂时放一放，接下来几天时不时地拿出来看一下。重新审视计划进度表时，之前没有考虑到的联系、想法和选择往往会冒出来。

制订计划进度表看似简单，但将这一方法教给孩子能赋予他们一项终生受用的技能和优势。考试时，学会在动笔前列出答题提纲是很有用的。无论是发现一个新大陆、编写一部戏剧或协奏曲、分离一个新的化学元素、治愈一种重大疾病、为大教堂的天花板绘画还是编织一条华丽的挂毯，孩子们都需要制订计划。

■ 图表和地图

到目前为止，我们所讨论的计划主要指规划行为以达到想要的结果，而孩子们还需要知道如何规划各种想法。学会分组，联系和连接各种想法，思考自己有把握、有疑虑以及不知道的事情，这些对规划如何在某一领域的学习中取得进展都很有帮助。规划工具、彩色图表、论文大纲都有助于孩子们制订计划。

教孩子们规划想法的一个好办法是用图表的方式呈现出来。例如，你可能会在散步时发现一根羽毛，把它带回家，并把它粘在一张大纸的中间。孩子可以在纸上写出"羽毛"两个字，接下来让他们画出有羽毛的动物，然后把图表放在他们可以看到的地方。以后只要他们发现与羽毛相关的东西，无论是一个具体的数据、一首歌，还是一件实物，都将它标在图上。想法之间的连接是进行思考、制订计划和提高观察技能的有效方式。

图表也可以用来勾勒出我们的知识边界。让孩子画一张如下的景观图。

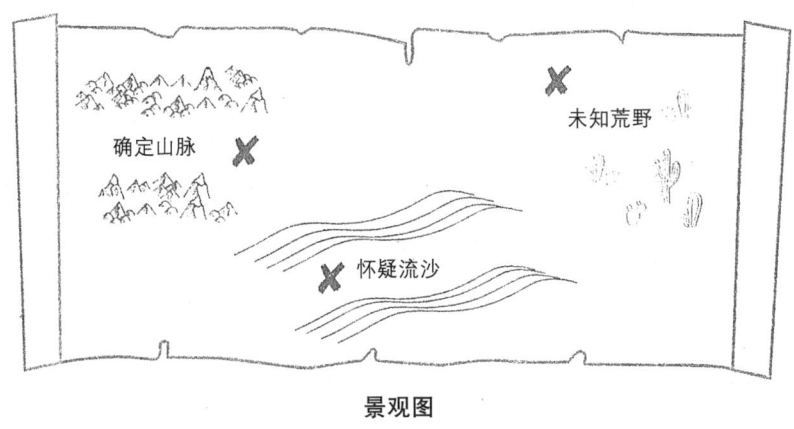

景观图

让孩子把针对某个主题的信息放入这些区域：有把握的信息放在"确定山脉"区，不能确定的信息放在"怀疑流沙"区，完全不知道的信息放在"未知荒野"区。

父母需要向孩子们解释清楚，知道确定事实固然重要，但是人类往往是通过探索和调查未知的知识荒野，才有了重大的发现。

下面举一个关于太空的例子：

确定山脉	怀疑流沙	未知荒野
行星	量子物理学	暗物质及能量
小行星	宇宙的加速和扩张	太空里存在一个还是多个宇宙？

确定山脉	怀疑流沙	未知荒野
重力	宇宙的形状	重力总是一样的吗？
银河系	什么导致宇宙发生变化？	太空有多大？

有助于训练孩子制订计划的游戏和活动

※

有一些电脑软件可以帮助孩子学习如何制订计划。Inspiration 和 Kidspiration 能帮他们勾画和关联想法或计划实施的各个阶段。Cogmed 则能通过计算机提供有效的工作记忆训练（工作记忆是一种对信息进行暂时加工和贮存的容量有限的记忆系统，在许多复杂的认知活动中起重要作用——译者）。

下面列出的一系列活动可以帮助孩子提高他们制订计划、控制冲动和考虑备选方案的能力：

- 一般训练、跑步、跳绳、打篮球。
- 音乐训练。
- 传统武术训练（注重自律和性格培养）。
- 男童子军、女童子军。
- 定向越野、绘制地图。
- 戏剧活动。

- 正念训练。
- 走迷宫。
- 国际象棋、双陆棋、多米诺骨牌、跳棋、捉对儿（纸牌游戏）、地产大亨、海战游戏和"大战役"桌游。

■ 教会孩子考虑后果

天才能够看到别人不会留意到的事物之间的联系。认识到行动会带来结果、后果和影响，是开启天才之门的关键。

虽然不想听起来太形而上，但天才的确认为任何人和任何事都是紧密关联的。通过寻找新的有趣方式将事物关联起来让天才成了富有创造力的革新者。

你可以让孩子玩"找相似"的游戏来帮助他们解锁这些技能：

- 企鹅和海豚有什么相似之处？
- 你的脚和杠杆有什么共同点？
- 老鼠和高山之间有什么相同点？
- 现代世界和文艺复兴时期有什么相似之处？
- 铁路系统和水管有什么共同点？

像"捕鼠器"这样的通关游戏和《这是杰克造的房子》这样的故事都能突出事物之间的有趣联系。

这是杰克造的房子

——鹅妈妈

这是杰克造的房子。

这是麦芽,麦芽放在房子里,房子由杰克造。

这是老鼠,老鼠偷吃了麦芽,麦芽放在房子里,房子由杰克造。

这是猫,猫吃了老鼠,老鼠偷吃了麦芽,麦芽放在房子里,房子由杰克造。

这是大黄狗,大黄狗吓坏了猫,猫吃了老鼠,老鼠偷吃了麦芽,麦芽放在房子里,房子由杰克造。

这是弯角牛,弯角牛顶飞了大黄狗,大黄狗吓坏了猫,猫吃了老鼠,老鼠偷吃了麦芽,麦芽放在房子里,房子由杰克造。

这是孤苦少女,孤苦少女挤弯角牛的奶,弯角牛顶飞了大黄狗,大黄狗吓坏了猫,猫吃了老鼠,老鼠偷吃了麦芽,麦芽放在房子里,房子由杰克造。

这是穷小子,穷小子亲吻了孤苦少女,孤苦少女挤弯角牛的奶,弯角牛顶飞了大黄狗,大黄狗吓坏了猫,猫吃了老鼠,老鼠偷吃了麦芽,麦芽放在房子里,房子由杰克造。

这是牧师,牧师穿戴整齐为穷小子主持婚礼,穷小子亲吻了孤苦少女,孤苦少女挤弯角牛的奶,弯角牛顶飞了大黄狗,大黄狗吓坏了猫,猫吃了老鼠,老鼠偷吃了麦芽,麦芽放在房子里,房子由杰克造。

这是公鸡,公鸡叫醒牧师,牧师穿戴整齐为穷小子主持婚礼,穷小子亲吻了孤苦少女,孤苦少女挤弯角牛的奶,弯角牛顶飞了

> 大黄狗，大黄狗吓坏了猫，猫吃了老鼠，老鼠偷吃了麦芽，麦芽放在房子里，房子由杰克造。
>
> 　　这是农夫，农夫喂养公鸡，公鸡叫醒牧师，牧师穿戴整齐为穷小子主持婚礼，穷小子亲吻了孤苦少女，孤苦少女挤弯角牛的奶，弯角牛顶飞了大黄狗，大黄狗吓坏了猫，猫吃了老鼠，老鼠偷吃了麦芽，麦芽放在房子里，房子由杰克造。

下面的例子可以帮孩子认识到事物之间的联系和因果关系并不是固定不变的。

"罗伊，你听说戴夫要开飞机喷洒农药的事了吗？"马维斯问道。

"我没听说呢，这是好事。"

"不，罗伊，这可不是好事。戴夫开的飞机着火了，他得立刻逃离飞机。"

"天哪，"罗伊叫道，"这可真是太糟糕了！"

"不，罗伊，情况还不是太糟，因为他有降落伞。"

"这可真是太好了！"

"不，罗伊，情况没有想象的乐观，降落伞没打开。"马维斯说道。

"马维斯，这真是太可怕了。"罗伊叫道。

"不，罗伊，戴夫有惊无险，他可以跳到干草堆上。"

"这就太好了！"

"不，罗伊，这也不是太好。戴夫在降落的过程中发现干草堆中间竖着一个干草叉。"

"天哪,这太危险了!"

"不,罗伊,戴夫幸运地避开了干草叉。"

"这真是好消息!"

"不,罗伊,这也不是什么好消息,戴夫虽然避开了干草叉,但同时也偏离了干草堆。"

■ 教会孩子延迟满足

任何曾经在厨房里闻到美味佳肴忍不住偷偷品尝的人,都知道延迟满足的价值。

第四章讨论培养孩子的专注力时,重点放在了孩子们所思考的内容上。要教孩子制订计划,父母则需要关注输出。选择要采取的行动,并能够控制该行动的时间是开启天赋的关键。

自我控制

那些倾向于做第一件事的人往往性格冲动、注意力涣散，因此很难有大的作为。

一些作者并不认同沃尔特·米歇尔从棉花糖实验中得出的结论，他们认为，那些不愿意信任他人的孩子会机智地吃掉第一块棉花糖。抵制第一块棉花糖和等待第二块棉花糖的能力可能更多涉及的是信任问题，而非自我控制力。

让我们试试两者兼顾，一边思考如何建立家庭成员间的信任，一边培养孩子延迟满足的能力。

1. 你必须说到做到。想让孩子认识到等待和延迟满足的价值，家长承诺的"以后做什么"，一定要保证说到做到。

多数家长善于教导幼儿延迟满足，这是一种在日常生活中会经常采用的育儿技巧。在给婴儿换尿布时分散他们的注意力；在游乐场排队时让孩子们玩玩具；在准备出门时分散哥哥姐姐的注意力，因为妹妹还没准备好……这些都是多数父母所具备的技能。要开启孩子的天赋，父母需要一直教孩子如何做到这一点。

2. 培养孩子的意志力。这是我的好友兼同事林恩·利特菲尔德教授所说的"停止，思考，去做"。停止你正在做的事情，想想你的选择，然后采取相应的行动。像"西蒙说""红灯停绿灯行""模仿领袖"等都是培养这些技能极好的游戏。

告诉孩子感觉和行动之间是有区别的。想要一块巧克力并不意味着一定能吃到一块巧克力，这一点对孩子来说很难理解。告诉他们，感觉愤怒是可以的，但是打人就不对了。

有些孩子听到"必须"等命令式的语气会有抵触心理。教孩子学会倾听，你最好蹲下来和他们说话。想确定他们是否听进去了，你可以让他们重复一遍你之前所说的话。

3. 天才迎难而上，善于挑战。这是天才发展和开拓自我的方式。你可以通过要求孩子先完成学习任务再玩电脑游戏，存钱买东西而不只是接受礼物，创建一张可以朝目标迈进的进度表，采用分期付款的方式购物等来帮助孩子实现延迟满足。

4. 制订活动计划。讨论、制订一些活动方案，如有计划的活动、生日聚会、圣诞节派对、假期安排等。计划这些活动有助于增强孩子延迟满足的能力。参与陶器、雕塑、建筑模型的制作，以及绘画、针织和编织等制作活动也有助于培养此技能。

对于年龄稍大的孩子，可以给他们一些钱用来购买衣服，或者让他们建立自己的银行账户，每周存入零花钱。零花钱的数额不用太大，但是他们应该被要求在账户中保持一个最小的余额。

但是，延迟满足也不能太过。把攀登珠穆朗玛峰的梦想延迟到90岁可不是什么明智之举。如果所有人都等到一切准备就绪才考虑生孩子，那世界人口必将急剧下降。因此，正确的决策十分重要，这将是下一章要讨论的内容。

和孩子一起做计划	
年龄（2~4岁）	■ 把你的计划大声说给孩子听，比如"我们今天的安排是先去拿干洗的衣服，然后再去买些莴苣"。 ■ 说话算话。如果你许诺了孩子什么事就要想办法兑现。信任是帮助孩子做计划的关键。
年龄（5~7岁）	■ 使用迷宫和图表。 ■ 教孩子一些简单的音乐和语言技能。 ■ 玩排球。 ■ 跳绳。 ■ 将不同颜色的颜料混在一起。 ■ 制作并装饰一本台历。 ■ 去花园里种花、种菜。 ■ 玩滑板。 ■ 看简单的菜谱。 ■ 做简单的饭菜。 ■ 放风筝。 ■ 玩"西蒙说"和"木头人"游戏。 ■ 做调查研究：我们要找什么东西？可以在哪里找到？
年龄（8~11岁）	■ 把事情的具体步骤写在便签纸上，让孩子通过排序做计划。 ■ 画地图游戏。 ■ 做旅行计划。 ■ 探索孩子可以玩的买卖游戏。

和孩子一起做计划	
年龄（8~11岁）	■ 考虑参加下面的活动： 　● 田径； 　● 澳式橄榄球； 　● 童子军； 　● 剧场活动。 ■ 玩纸牌游戏。 ■ 提供参与下列活动的机会： 　● 陶艺； 　● 雕塑； 　● 涂色； 　● 舞蹈； 　● 画画； 　● 建模； 　● 编织。
年龄（12~18岁）	■ 让孩子参与计划家庭活动、旅行和宴会。 ■ 让孩子自己管理一个账户或买衣服的钱。 ■ 找机会参加下列活动： 　● 瑜伽和正念训练； 　● 剧场活动； 　● 运动和锻炼； 　● 溜冰、滑雪、冲浪和速滑雪橇； 　● 定向越野； 　● 洞穴探险；

续表

和孩子一起做计划
年龄（12~18岁）	<ul><li>划皮划艇；</li><li>音乐演奏；</li><li>桌球和斯诺克台球；</li><li>制作歌曲演出剧目表；</li><li>绳索攀爬；</li><li>急流漂流；</li><li>侦察/向导；</li><li>辩论；</li><li>壁毯设计；</li><li>时装设计；</li><li>珠宝制作；</li><li>唱歌和音乐编排；</li><li>即兴表演。</li></ul>

第七章
培养决策技巧

> 道格拉斯·亚当斯（《银河系漫游指南》的作者）曾说，他想发明一种能替我们做决定并告诉我们做出这种决定的理由的机器。

我们的快乐在很大程度上取决于我们所做的决定。我们在哪里生活、和谁在一起、做些什么、如何与人接触、和谁交朋友以及是否以我们自己为主，全都取决于我们的决定。如果我们希望孩子拥有快乐的生活，我们就必须帮助他们学会做出正确的决定。

好的决定增加成功的可能性。如前一章所述，要成为一名好的决策者，你需要明白你最初的想法并不总是最好的，而且你应该系统地权衡其他行事方式。

有些决定直截了当，但这是例外。因为通常情况下做出一个好的决定并不容易而且还很耗时，你得中止手头的事情，专注思考特定的问题，制订出一系列的备选方案，权衡利弊，做出选择。最重要的是，你要按你的决定执行。

做出好的决策是一种创造性的技巧，孩子想要熟练掌握需要时间。然而，大多数人从来都不明白需要花这个时间，他们最终只能从有限的选项中进行选择，结果总是在重复做同样的事情。

在这样一个逼迫我们快速做出决定的世界里，天才们因为花时间去了解、考虑并做出明智的决定而显得卓越不凡。

■ 把决策变成行动

父母可能都会掉进这样一个陷阱：凡事都替孩子做决定，然后等他们到了某个年龄段，又开始期待他们自己做决定。但是，如果父母从未帮助过他们学习如何做决定，那么当他们捅出几个大娄子时也不必大惊小怪。

很多人做的决定很好，但不能把决定变成行动。这和做出糟糕的决定并没什么两样，而且这种情况还相当普遍。

要想知道为何会这样，让我们来认识克莱德·比蒂。

驯狮的高超技艺

20世纪初期至20世纪中期，驯狮还不是一个退休金高、退休福利好的职业。大多数驯狮员的职业生涯结束得早而悲惨。然后，克莱德·比蒂来了。

克莱德·比蒂用椅子驯狮

一度，当大多数驯狮员最终沦为狮子的盘中餐时，克莱德却活到了堪称高寿的年纪，还有一份额外的在电影里露脸的工作，甚至还有他自己的广播剧。按詹姆斯·克莱尔所说，克莱德能活下来是因为他学会了一项特别重要的技能。

椅子和鞭子

正如你在照片中所见到的，克莱德拿一把椅子和一根鞭子进狮子笼。如今，大多数其他驯狮员认为是鞭子管住了狮子，其实真正发挥作用的是那把椅子。

当一把四条腿的椅子在狮子面前晃来晃去时，狮子真不知道该先对哪条腿下手。它可能会有一点小冲动，但随即发现自己完全迷糊了，于是放弃了。

如果哪天当你发现自己的处境就如同一头身处笼内的狮子并且旁边恰好还有把椅子的时候,这除了是一条有用的信息外,它还告诉了我们一些有关决策过程的知识。

我们都和那头狮子很像。当面对太多选择的时候,我们可能犯迷糊,无法做出决策,也就无法采取行动。或者,我们会放弃做决定而寻求老办法。

要想成功地做出决定,我们需要一套程序来帮助我们剔除别的选择,直到只剩下一个。天才常常把精力集中在他们已经决定要花费时间的项目上面。决策的明确性使得天才能够将他们所有的智力和创造力集中于某个特定的领域。

■ 教孩子如何做决定

决策就像生活中的十字路口,你通常有五种不同走法。

生活中的十字路口

1. 一路径直向前走。
2. 左转。
3. 右转。
4. 掉头往回走。
5. 停下来,止步不前。

(没错,我知道你也可以抛硬币、掷骰子、在地上挖洞,或停下来在原地建设一座空间站,然后飞向太空。不过,此刻,让我们把问题弄得简单一点。)

PICCA

要知道到底走哪条路,我们得做出决定。PICCA 是五个英文单词首字母构成的缩略词,代表着做决定的五个步骤,它能帮我们记住怎么做。

1. 问题(Problem);
2. 我想要(I want);
3. 选项(Choices);
4. 比较(Compare);
5. 行动(Act)。

问题

首先应该明确你的问题或者你需要做出的决定。通常,当出现问题时,就需要做出决定。那么,问题是什么?

乍一看,指出问题所在似乎很简单,但关键是要指出真正的问题。比如,通过回顾 1975 年的铁路系统得出的结论:

> 铁路里程并未因乘客和货物运输需求的衰退而停止增长,铁路里程仍在增长。今天铁路陷入困境不是因为其需求被其他工具(汽车、卡车、飞机,甚至电话)满足了,而是因为铁路自身的局限性。他们认为自己从事的是铁路行业而非运输行业,所以任由别人从他们手里抢走顾客。

尝试以几种不同的方式来表述问题。其中一种澄清问题的方式是,问自己五个"为什么"。比如:

1. 我担心下次考试不及格。为什么?
2. 我学习不够努力。为什么?
3. 我没睡好。为什么?
4. 我过于紧张。为什么?
5. 我觉得我会令父母失望。为什么?

我想放弃弹钢琴。

在这个例子中,需要解决的问题从一件事转变成了另一件事,这种情况时有发生。问题是易变的东西,有时是看似问题的东西掩盖了真正的问题。在这个例子中,真正的问题在于孩子不想父母因为自己想放弃弹钢琴而感到失望。

如果你帮助孩子找出了真正的问题,请进入下一步。

我想要

这也被称为目标,但其实只是孩子想要的东西而已。极少父母能弄清楚孩子想要什么,甚至有可能孩子自己都不太明白自己到底想要什么。当我们说明自己想要什么的时候,实际上是在阐明自己的意图。所以到底是"今年夏天我想骑一辆红色的自行车"还是"我想像伊恩·弗莱明('詹姆斯·邦德系列'作者)一样在牙买加过奢华的生活"呢?把你想要的写下来。

通过让自己做得更好,我们可以帮助孩子明确他们想要什么。有一种办法是不问别人想干什么,而是向他们发出邀请和提出建议。比如,别对朋友或拍档说"说清楚点,你到底想干吗?"而是说"电影院正在上映一部好片,我想去看,你愿意和我一起去看吗?"

选项

尽可能让孩子多说几种他想要的东西的替代品。如果孩子想不出来,父母不妨和他们一起讨论,想出更多好东西。

在这上面可以多花些时间。最好让孩子温习三次他们列出的清单,在进入下一阶段的比较之前,可以继续增加清单上的内容。孩子往往站着比坐下来更容易想出新的点子,所以不要坐在桌子旁,把清单摊在地板上,让他们绕着清单自由走动。

有时,如果我们花时间来细想和深思某个决定,不曾想到过的选项就会出现。这就是为何最好的决定往往需要一些时间的原因。

比较

和孩子一起浏览一遍选项清单,并注意他们真正喜欢哪项、哪项最有可能以及哪项风险大。如果他们的清单中没有风险大的选项,你可以鼓励他们回去再考虑一下他们的选择。

看起来过于现实的选项清单表明孩子在制订选项时太过保守。

困难的决定往往需要权衡利弊,这并不容易。因此,有必要画一张表格来比较(如 137~140 页所述)。

行动

让我们回到克莱德·比蒂的例子。最后要做的一件事就是帮孩子选定一种方案并付诸实践。这意味着要明确所需采取的行动,并制定一个完成计划的时间表。

孩子如何使用 PICCA 的实例

艾玛本学期想参加课外活动。她对女童军、钢琴和体操感兴趣。女童军周四晚上活动。钢琴课可以安排在任何时候，只是她的父母周一和周二下班晚，而周三晚上又是她弟弟凯尔到镇子的另一头上空手道课的时间。体操每周四和周六晚上各有一次课。周五晚上是传统的家庭团聚时间。

问题

艾玛是该加入女童军、学钢琴、还是练体操呢？

我想要

艾玛列出了她的"我想要"清单：

- 我想交新朋友。
- 我想玩。
- 我想学乐器。

选项

- 我可以选体操或女童军，但不能都选。
- 我可以请爷爷在周一、周二或周三带我去上钢琴课。
- 我可以在学校学另外一种乐器，晚些再学钢琴。
- 我不能参加课外活动。

比较

为了比较选项，艾玛和她的父母画出了一张图表。

想要 \ 活动	钢琴	体操	女童军
新朋友	否	是	是
好玩	是	是	是
音乐	是	否	否

但艾玛仍然不清楚该如何选择,所以她决定根据一个星级制度给每个活动排序:3星最佳,2星次之,1星最差。

想要 \ 活动	钢琴	体操	女童军
新朋友	*	**	***
好玩	***	**	*
音乐	***	*	**
总计	**7星**	**5星**	**6星**

三项活动得星数很接近,艾玛必须花点时间考虑。虽然她是真的喜欢钢琴,但觉得最想要的是有更多朋友。过了一会儿,她觉得或许在学校学吉他也可以。由于艾玛想交新朋友,她认为通过吉他课和女童军就可以实现这个目的。

行动

艾玛决定周四晚上去参加女童军。

这看起来是艾玛解决问题的一个很好的过程,但如果父母给她包办所有决定,她就没法学会权衡不同的选项,并自己做出选择。

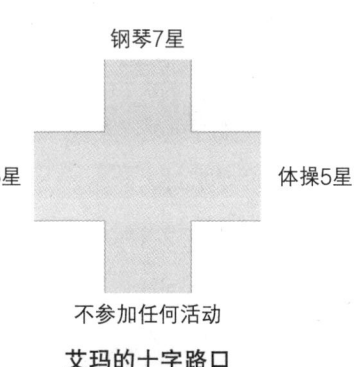

艾玛的十字路口

父母如何使用 PICCA 的实例

乔治和朱迪想给他们的小儿子埃尔罗伊选择一所学校。

问题

乔治和朱迪想要选择一所既离家近又能给埃尔罗伊提供优质教育的学校。

我想要

首先,乔治和朱迪把他们希望儿子在未来的学校应该学会的东西列了一份清单。

- 学习基础知识。
- 喜欢上学。
- 提高创造力。
- 增强纪律性。
- 养成好的学习习惯。
- 学会与他人合作。
- 参加体育锻炼。
- 挑战智力。
- 爱学习。
- 学习艺术。
- 未来有多种选择。
- 持久的友谊。
- 基本的价值观。

- 离家近。

选项

埃尔罗伊可以选择的学校有四所：斯密斯顿文法学校、怀特塞德公立学校、依赛德学校和冒险学校。

比较

这里我们将使用五星评分制，其中5星最好，1星最差。

想要	斯密斯顿文法学校	怀特塞德公立学校	依赛德学校	冒险学校
学习基础知识	*****	*****	***	*****
喜欢上学	***	***	***	*****
提高创造力	**	***	*****	*****
增强纪律性	*****	*****	**	***
养成好的学习习惯	****	***	*	****
学会与他人合作	*	****	***	*****
参加体育锻炼	***	**	****	*****
挑战智力	*****	*****	**	***
爱学习	**	***	**	*****

续表

想要	斯密斯顿文法学校	怀特塞德公立学校	依赛德学校	冒险学校
学习艺术	***	***	*****	****
未来有多种选择	*****	****	**	*****
持久的友谊	未知	未知	未知	未知
基本的价值观	*****	*****	***	*****
离家近	**	***	*****	**
总计	45	48	40	56

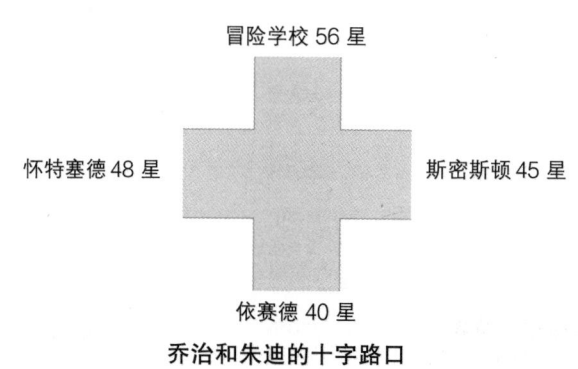

乔治和朱迪的十字路口

从满足所希望的特点方面来看，乔治和朱迪最后将冒险学校排在首位。

行动

尽管离家有点远，乔治和朱迪还是决定在冒险学校给儿子报名。

显然，可以采用更为复杂的决策模型，但我觉得 PICCA 对大多数孩子来说已经足够了，他们操作起来也容易。

当然，一旦你已经决定了前进的方向，那接下来就是积极地行动并坚持到底。

	给予孩子做决定的机会
年龄（2~4岁）	■ 要想让孩子有安全感，得让他们知道你在为他们做重大决定。和他们谈谈你正在做的决定，在他们面前把你推理的过程说出来，向他们展示你改变想法并重新衡量决定的过程。 ■ 照顾宠物。 ■ 创建花园。 ■ 参加基础的体操活动。 ■ 偶尔给他们做选择的机会。 ■ 让他们为晚餐吃什么提些建议。
年龄（5~7岁）	■ 帮忙收拾桌子。 ■ 做简单的饭菜。 ■ 种蔬菜，吃蔬菜。 ■ 扮演历史人物。 ■ 玩： 　● 曲棍球； 　● 足球； 　● "捕鼠器"游戏； 　● 纸牌； 　● 初级拼字游戏； 　● 跳棋； 　● 国际象棋。 ■ 计划在外过夜。

续表

	给予孩子做决定的机会
年龄（8~11岁）	■ 这是和孩子一起运用PICCA的关键时期。用它来模拟示范你所面临的决策并让孩子看到你在用心策划。 ■ 当孩子在生活中遇到问题时，要将之视为孩子学习做计划和决定的机会。在他们想办法解决问题时，父母要保持耐心。相比按照脑海里冒出的第一个想法去解决问题，孩子系统地做出决定是要花一定时间的。 ■ 编写自己的探险书。 ■ 尝试航行。 ■ 玩优诺牌。 ■ 安装简单的电子配件。 ■ 尝试骑山地自行车和划独木舟。
年龄（12~18岁）	■ 有些十来岁的孩子想要替父母做所有的决定。比如：在他们身上花多少钱，他们应当在什么时间上床睡觉，应该给他们多少零花钱等。 ■ 在这个阶段，也许有些决定和协商并不是很顺利。如果你使用PICCA方法，至少父母可以给孩子示范一个深思熟虑的决策过程。当父母和孩子一起对选项进行评估时，对于重大问题，父母的决定必须优先考虑。虽然偶尔让孩子觉得自己说服了父母不是一件坏事，但主要还是应该由大人来做主。 ■ 参加辩论。 ■ 尝试戏剧表演、跆拳道、漂流、"龙与地下城"游戏、野外骑车和玩滑板。

第八章
动力、恒心和毅力

> 失败是从头再来的机会,这次要更聪明一点。
> ——亨利·福特

天才们总是在别人放弃的时候继续坚持。下面是成功的四个法则:

1. 你不可能在你没做过的事上成功。
2. 你只有坚持不懈地努力才有可能成功。
3. 如果你不情愿做某件事,记住第1条。
4. 如果你想放弃某件事,记住第2条。

很简单的道理,不是吗?然而,很多人终其一生都在寻找一种叫"动力"的难以捉摸的力量,这种人的数量是惊人的。一旦他们找到了那种难以捉摸的动力,就会把它传递给自己的孩子。每天清晨起来,他们都像快活的百灵鸟一样歌唱,之后激情昂扬地开始一天的工作,他们身上的热情让家人和朋友惊叹。他们就像一阵风,来去匆匆，充满斗志。

天才的动力在于内心。接下来，让我们聊聊如何帮助孩子获得他们所需要的动力。你认为在学业和事业上，成功最重要的因素是什么呢？

智商吗？不是。

运气吗？不是。

才华吗？不是。

出生地吗？不是。

上的哪所学校吗？也不是。

成功最重要的因素之一就是你坚持的程度。更进一步地说，自律是取得学术成果和提高成绩更重要的因素。

■ 学习电脑游戏设计课程

我从来没有碰到过一个孩子会说："我不想打到'使命召唤'或'魔兽世界'（输入任何你想输入的电脑游戏名字）的下一关。"

电脑游戏设计者们对于如何激发、吸引和保持孩子们的兴趣颇有研究。也许你还记得第一代电脑游戏——"乒乓球对打""太空入侵者""青蛙过河"等。这些游戏的模式是：如果玩家输了，他们就必须重新开始游戏。设计者们发现男孩只会尝试3次。如果一个男孩连续输或重新开始一个游戏超过3次,他就会说,这个游戏真是太愚蠢了，之后就不会再玩下去。

正如你所想的一样，这对于电脑游戏设计者来说并不是好消息。于是他们着手开发新游戏。新的电脑游戏通常有好几个不同的级别，在打游戏的过程中，玩家能获得分数、技能、工具以及武器。大部分游戏还会有一些社交功能。

电脑游戏设计者从伟大的行为心理学家伯尔赫斯·弗雷德里克·斯金纳那里学到了宝贵的一课：如果你想让某人一直做某事，那就把成功放在他唾手可得的地方，确保奖励触手可及但不是每次都一定可以得到。

家长们该如何把伯尔赫斯·弗雷德里克·斯金纳和"魔兽世界"设计者的小伎俩运用到家庭生活中去呢？接下来我将谈及一些你可以从电脑游戏上学到的知识，以及如何将这些知识用来训练和启发孩子的天分。

经验1：成功需要在3次尝试之内。

在任何一件事上失败超过3次，孩子就会变得没有动力，直至放弃。尽量在孩子进行第一轮3次尝试的时候，让他们感到自己有所进步。承认挑战的难度，肯定他们在任何方面哪怕只是一点点的进步。

经验2：知识不仅要获取，更要立刻运用。

在大多数电脑游戏里，你绝不会把获得的信息保存起来以供将来使用。基本上每次新学会的知识就会马上投入使用。

经验 3：快速的、自我评价式的反馈。

电脑游戏里的反馈信息十分及时，这对提炼出成功的策略有所帮助，玩家可以通过这些反馈来改善玩游戏的方式。

经验 4：让尝试毫无风险。

在大多数电脑游戏中，玩家既可以大胆冒险，又不会对现实生活产生大的影响。

经验 5：镜像效果。

在游戏的世界里，孩子们不受任何约束，可以扮演成人角色，并体验成功的快感。许多著名的文学作品，如《汤姆·索亚历险记》《远方的魔法树》《燕子号与亚马逊号》以及"哈利·波特系列"等，都成功地刻画了儿童像成人一样冒险，而且独立、自由的形象。

经验 6：人们渴望挑战他们认为有趣的事。

如果我们留意一下世界上那些打牌、玩数独以及做填字游戏的人，就会知道人们都热爱挑战。当我们认为这是一种乐趣或者游戏而不是工作的时候，我们会玩上好几个小时。

印度有一个斗风筝比赛，孩子们会为比赛进行周密策划，他们在较量过程中表现出的专注度会让率军打仗的将军都为之赞叹。

经验 7：成功是会传染的！

集体活动会产生归属感。最新的电脑游戏通过玩家分享方法或竞赛建立了一个社交网络。这让玩家们可以谈论他们的成功，在与别的玩家分享小方法或小窍门时，他们的成就感会更加强烈。这确实超越了电脑世界。如果孩子们有了成就感，他们就会想办法获得更大的成功。

经验 8：增加和使用多巴胺。

化学物质多巴胺与我们的动力相关。电脑游戏通过让挑战和奖励反复出现促进了多巴胺的分泌。

虽然不是每件事都可以从游戏的视角来看待，但是家长有必要了解孩子天生喜欢的那些安全、有趣而且随时可以从头再来的挑战。猜谜语、常识问答、棋盘游戏和放风筝都是增强动力的好办法。关键需要帮助孩子专注于游戏的过程，而不是在意游戏的结果。

■ 积极的训练

让我们认识一下现代教育的先驱——蒂莫西·加尔维。蒂莫西是一位网球教练，他发现自己跟随印度大师古鲁·马荷罗·基进行的思维学习有助于引导网球运动员发挥出自己的最佳水平。

在几乎所有的人类活动中，有两种行为一直在同时进行——外部行为和内部行为。外部行为是人类与来自外部环境的各种挑战进行斗争，内部行为是我们必须克服对自身能力的怀疑。

蒂莫西注意到，如果给队员下达具体的指令，类似于"等球靠近边界，弹到最高点的时候，打一个回旋球"，并不会提升他们的表现。事实上，队员们因为太过专注于遵守他的指令，反而导致打球的水平下降了。

恐惧 + 担忧 = 感知力丧失 = 动力丧失

于是，蒂莫西决定改变训练策略，他把发布指令和建设性回馈改为增强感知力。他的选手们要想取胜，需要的不是更多的压力或信息，而是更多的存在感和感知力。蒂莫西不再发出指令，而是问他的队员们："当球弹起来的时候，你们能大声喊出'弹高一点'吗？当你们击球的时候能击得更用力一点吗？"他发现一旦队员们专注于眼前的事情，他们的表现就会有显著的提升。

蒂莫西训练的都是非常有经验的球员，其中有很多人由于太过专注于苛责自己的打球风格，反而打不出自身的最佳水平。父母也会发现同样的情况，明明天分极高，可孩子们总是过于苛责自己的缺点，这反而限制了他们的发展。

动力对孩子克服恐惧非常重要。放弃努力比承认失败在感觉上似乎更轻松，可是如果我们选择逃避，恐惧只会被放得更大。

因此，一定要想办法把孩子的注意力从关注结果转移到关注事情本身上来。这意味着父母必须对孩子的表现持非评判性的态度。

通常情况下，当我们专注于手头上做的事时，我们会学得最好。这一点在孩子们玩耍的时候体现得特别明显。

你越想赢，你就越有可能输。因为我们常常在努力的过程中把注意力从比赛本身转移到比赛结果上了。

这就是为什么你会看到选手们发挥失常，丢掉本可以得到的分。这也是为什么你会看到训练有素的音乐家匆忙地完成一段乐曲中困难的部分。因为他们不再专注于正在做的事情，而是在关注结果。

■ 帮孩子利用作息制度保持学习动力

在针对数千名成绩优异的高三学生的研究中发现，他们成功的因素中，一个突出的表现是他们制定了一套有效的作息制度。这套制度告诉他们什么时候该学习，什么时候该休息，无论喜不喜欢，他们都会去执行。告诉孩子，作息制度比目标更重要。

天才们会制定对自己实用的作息制度。你可以帮助你的孩子安排玩耍、阅读、看电视和睡觉的最佳时间。这可以帮助大多数家庭度过最头疼的忙乱时刻——早上出门以及晚上就寝。

作息制度比目标更有益。为你自己和孩子设定目标是件好事，可是如果孩子太看重目标，他们就会变得焦虑。另外，我们会被目标束缚。举个例子，如果你设定一个要减重5千克的目标并且成功实现，也许接下来你就会停止健康的饮食和生活方式，然后回到减肥之前的体重。

当然，没有任何一套作息制度会一直有效。某天清晨，你会赖床不想去健身房；你的某次节食计划会面临巧克力蛋糕的挑战；某个晚上，你会因为太累而不想做作业……碰到这些情况该怎么办呢？

答案就是——严格遵守作息制度。你可能已经违规一次，为防止再违规，最好制定一项"只许破例一次"的规定。

学生们常常感觉第二学期动力不足。父母最好告诉孩子，暂时出现的动力不足可能是焦虑和担忧引起的，这并不表示真的缺少动力。

天才们会在两个学期之间进行调整和修复。请利用下面的技巧，抓住帮助孩子保持动力的黄金时期。

设定一些小目标和一个大目标

现在我们来讨论一下最有效的自我激励技巧。每周为孩子在学校学习的各门功课设定一个小目标，比如，目标可以定为阅读并理解课本的一个章节。把这个目标写下来，放在你和孩子都能看到的地方。如果孩子实现了这个目标，就在目标旁边打个钩。完成一个任务后就打钩，由此产生的成就感可以增加动力。

让孩子选出他们在学校里最喜欢的科目，把这门课的目标设定为拿到班级第一。这门课将成为孩子进行自我评价的主要依据。孩子们会觉得把注意力集中在一个主要科目上是一个可以实现的目标。

帮孩子厘清思路

帮助孩子迎头赶上。即使天才也会错过最后期限，如果你的孩子在任何一门功课上落后了，那就做一只勤劳的小蜜蜂，去追赶吧！我知道有一部分家长可能会这么想:"看吧,如果不是你一直胡闹,现在就不需要赶进度了。这是你自己的错。为什么现在我要帮你赶上呢?"家长最好还是收起怒气和怨气,和孩子一起努力吧!这在孩子进入高年级后显得尤其重要。下面的建议可能会对父母有所启发。

- 孩子可以这样向老师求助:"我前段时间对这门课没兴趣,但是现在我很想赶上去。"
- 如果他们没有记笔记的习惯,帮他们开始培养这个习惯。如果他们漏了几页笔记,就让他们去找同学复印。
- 如果他们觉得在课堂上提问很尴尬,就制定每节课只提一个问题的目标。如果这个目标对孩子来说依然很难实现,就鼓励他们下课后问老师。如果课后问老师还是让他们难以开口,就建议他们给老师发邮件请教。
- 定期按主题为这个科目写一份复习总结。
- 如果学习已经变得一团糟,就帮他们厘清思路。

孩子可能需要较长时间才能完成追赶的目标。就像马拉松选手在比赛之前都要进行短跑训练一样,孩子在学校提高成绩也不可能一蹴而就。恢复他们的学习动力需要一步步来。

帮助孩子不要把注意力放在别人身上

即使是非常聪明的孩子,在缺乏动力的时候,也会觉得任何人都比自己懂得更多、更有才华、更聪明、比自己的头脑更好。大多数学生并不知道自己在学校表现得多么优秀。

就像之前讲过的关于大卫和歌利亚的例子（参见第三章）一样，关键是要帮助孩子学会运用自己的多种能力。

帮助孩子利用好在学校的时间

很多孩子在学校无所事事，然后很惊讶为什么放学后还有这么多事要做。让你的孩子坐在教室的前排。如果他们在学校集中注意力、认真听讲，就会省下很多时间。这些节约下来的宝贵时间可以用来和朋友出去闲逛和游玩。

培养诚实的性格

如果孩子没有学习动力，他们可能会做其他事来逃避学习。借口多得是，如"狗需要遛一下""我打完这局游戏就去学习"……你必须足够强硬，并且坚持让孩子在玩游戏、看电视或者上网聊天前，先把作业做完。

同时你还要帮助孩子诚实地认识到，开着电脑躺在床上、用 DVD 放着音乐、开着聊天工具，不是也永远不会是"在学习"。在学习时间，要确保他们坐在一个没有任何电子产品的书桌前。

培养一个新习惯

如果你的孩子一直觉得很难找到动力，那就培养一个新习惯。比如，选择去当地图书馆而不是在家里学习，或者换一个房间学习。

告诉你的孩子，冲浪时只有全神贯注才能达到最佳状态。同理，只有心无杂念才能考出好成绩，写出好论文。让孩子尽早适应要面对的考试环境，毕竟考场里是不会有电子产品和音乐的。

克服自我破坏的心态

"我办不到""我不想费那个劲儿"或是"这很没意思",孩子可能会说这样的话来驳回上述所有观点。其实这只是他们内心胆怯的表现,要设法帮他们摆脱这样的想法。看看雷克斯是怎么说服艾伯特的。雷克斯察觉出威胁,它认定尝试过后失败要比一开始就没有尝试糟糕一万倍。

想象一下,如果你的孩子对生活里所有的事都抱着这种想法,将会发生什么。他们不会去学习音乐和组建乐队,因为 U2 乐队、歌手 Pink、50 Cent 都已经做了这些事;他们不会去和喜欢的人交谈,因为可能会被拒绝;他们不会去自己很喜欢的地方,因为那里也有可能会让他们失望。因为缺少勇气和魄力,他们将无法过上本可以过上的生活。如果家中有这样的孩子,请继续阅读第九章,那里有更多教会孩子大胆尝试的方法。

丢掉恐惧,获得动力

你知道从古至今孩子们最恐惧的是什么吗?是死亡吗?不是。是在公共场合讲话?也不是。

人们最恐惧的是别人对自己有不好的看法。你知道关于这一点最滑稽、最令人伤感的笑话是什么吗?那就是大部分人根本不会想到别人。人们处理自己的事都应接不暇,哪有兴趣或精力去评价你对某件事在行不在行。

也就是说,你的孩子有可能会因为担心一件并不存在的事,而丢掉真正成功、幸福的生活。就像《星球大战》里的尤达大师说的一样:"只有做或者不做,没有尝试。"不要让你的孩子把"如果搞砸了,别人会怎么看我?"当成放弃自己的一个理由。

追随自己的兴趣和理想

天才们会找到自己热爱的领域并坚持不懈地努力,从不会去考虑回报和赞扬。对天才们来说,热情和成就感本身就是一种奖赏。霍华德·弗洛里,这个可能救过你命的人,发现了一种用盘尼西林有效治疗细菌感染的方法。他的动力就是减轻人类的痛苦。同样是为了减轻人类的痛苦,1999 年,菲奥娜·伍德教授研发出用于治疗烫伤皮肤的再生喷雾。在 2002 年的巴厘岛爆炸案发生后,伍德教授和她在珀斯的组员在治疗烧伤病人过程中发挥了重要作用。

为了增加孩子的动力,父母给孩子最好的职业建议是,找到自己的兴趣,放手去干吧!

培养孩子坚韧的品质
年龄(2~4 岁) ■ 玩耍、欢笑、找乐子。 ■ 亲自动手探索周围的世界。 ■ 重视涉及各种感官的体验——摸、掂量、看、听、闻、尝。 ■ 玩捉迷藏。 ■ 在花园周围探索新路。 ■ 让学习变得好玩而有趣。 ■ 让全家人出门探索成为一种习惯。 ■ 收藏小物品——花朵、贝壳、鹅卵石、贴纸、图片。 ■ 每天阅读。 ■ 玩猜谜游戏。 ■ 放风筝。

续表

	培养孩子坚韧的品质
年龄（5~7岁）	■ 鼓励孩子玩简单的游戏：拼图、"找不同"和搭积木。 ■ 进行有节奏的运动来增加多巴胺： 　● 跳舞； 　● 打击乐； 　● 肚皮舞和"人体中的数学"。 ■ 读苏斯博士的绘本《你想去的地方》。
年龄（8~11岁）	■ 玩手球、排球、乒乓球、羽毛球，做体操运动。 ■ 游泳。 ■ 击鼓。 ■ 关注过程胜过结果。 ■ 制定日常活动安排。 ■ 设定几个小目标和一个大目标。 ■ 限制看电视和电脑屏幕的时间。 ■ 玩寻宝游戏，找到自己的兴趣和热情。 ■ 剧场活动。 ■ 玩找单词游戏。 ■ 玩找数字游戏。 ■ 陶艺、雕刻和其他艺术。 ■ 用问题帮助孩子探索感兴趣的领域，如： 　● 恐龙为什么会灭绝？ 　● 是发生了大爆炸吗？ 　● 是全球气候发生了变化吗？

续表

	培养孩子坚韧的品质
年龄（8~11岁）	• 恐龙灭绝了，为什么鳄鱼却没有灭绝呢？ • 如果恐龙没灭绝，他们现在会演变成别的物种吗？ • 恐龙是不是变成了现在的鸟类？
年龄（12~18岁）	■ 制定制度。 ■ 找到孩子感兴趣的领域，用蒂莫西·加尔维的方法帮他们成功。 ■ 既要参加集体运动，也要尝试个人运动，如滑雪、冲浪、攀岩、花样骑自行车。 ■ 帮孩子厘清思路，跟上进度。 ■ 不断调整日常计划。 ■ 继续限制看屏幕的时间。 ■ 完成作业后才可以玩电脑游戏。 ■ 通过去不同的地方、体验不同的活动，帮助孩子拓展思维和探索周围的世界。 ■ 帮助孩子学会将目标写下来。 ■ 帮助孩子利用好在学校的时间。 ■ 发挥孩子的优势。 ■ 培养诚实的性格，不要找借口。 ■ 参与即兴表演。

第九章 建立积极进取的思维模式
——天才心理学

> 如果不是为了我自己,我会做得很出色。
>
> ——尚福尔

你有没有听孩子说过"这太难了""我不擅长这个""不要打扰我""我又无聊又累"?他们养成了一种畏难的心态。你有没有碰到过这样的孩子,他在某个方面表现得非常出色,但是在别的很多方面低估自己的能力?

不管孩子们多么聪明、机智、有能力,他们永远不会真正解放自己天赋的风险依然存在,因为他们说服自己不去尝试。他们的态度葬送了自己创造美好生活的机会。

亨利·福特曾说:不管你认为你办得到还是办不到,你的观点都是正确的。科学家用了快 90 年才证明这一点。阿尔伯特·班杜拉在自我效能上的研究，以及卡罗尔·德韦克在固定型思维模式和成长型思维模式上的研究，都证明亨利是正确的。

为了帮助孩子在生活中创造更大的产出，父母能做的最有意义的事就是帮助他们培养积极向上的思维模式。

为了做到这一点，我需要向你介绍一下赫伯特·马什。赫伯特是一位教育心理学家，他认为孩子拥有两种自我效能：整体和局部。整体指的是你认为自己是个好人。局部指的是你在做某件具体事情时对自己能力的预估，例如骑自行车、完成高中学业或跳探戈。世界上有多少件事，就有多少种特殊的自我能力感。

育儿专家过去认为，如果能够帮助孩子感觉到自己整体上不错，他们在完成某项具体任务时，自信也会随之增加。马什教授发现事实恰恰相反。如果你能帮助孩子在某个特定领域感到有能力和自信，这将积极地影响他们生活的其他方面。

这里有个重大发现：即使是和孩子一起玩寻宝游戏，如果父母发现了孩子身上的某种技能或能力，并且帮助他们继续挑战这个领域，也会从整体上提高他们的自信，培养他们积极进取的思维模式。只有你的孩子尝试了，而且你注意到了他们的努力，他们才会建立一种积极向上的态度。

神经可塑性方面的研究告诉我们，孩子的大脑会越用越聪明。尽管有这些研究，但是人类似乎总是下定决心要贬低自己，劝自己放弃，对尝试新事物感到恐惧。这些行为不但不能开启天赋，而且会将天赋之门关闭。为了理解这一点，我们需要向跳蚤学习。"什么东西？"——你可能会这样问。但是确实是的，请接着看……

■ 我们可以从跳蚤身上学到什么

大多数人可能从女权主义文学那里听说了玻璃天花板效应。它的含义是，社会上有一层想象的玻璃天花板，阻挡了很多妇女追求集团组织里的高管位置。可是很少有人知道"玻璃天花板"这个名词的来源。

你知道跳蚤可以跳到自己高度的100倍吗？这相当于一个1.8米高的人跳了180米。但是如果你把一些跳蚤放到纸箱里，在纸箱上放一块玻璃板，然后这样保持几天，你会有惊人的发现。当你拿掉玻璃板的时候，虽然这些跳蚤还是有能力跳到自己高度的100倍，但是它们却只会跳到玻璃板所在的高度了。这些跳蚤忘记了自己的能力。

当我告诉你，你的孩子就像一只跳蚤，我希望你不会感到被冒犯。就像跳蚤一样，孩子会忘了自己原本具备的能力。他们对自己的局限性深信不疑——结果自己给自己造了一块玻璃天花板。

作为想帮助孩子开发他们真正潜力的父母，你需要移开他们头上的玻璃天花板，看看里面的奇思妙想。这就把我们带回到了老朋友雷克斯和艾伯特那里（请参阅第二章）。

雷克斯思维的艾伯特思维

在我们的大脑里，每时每刻都飞舞着很多想法。有一些是纯粹的天才想法，还有一些则应该被取出来，然后默默地丢掉。

对大多数人来说，当我们最终发现不是我们所有的想法都一样可靠的时候，这便是我们"开悟"的日子。儿童和少年们可不这么想，他们大多数认为自己所有的想法都是正确的。

帮助你的孩子理解两种主要的思维类型：雷克斯思维和艾伯特思维。雷克斯思维就是那些环绕在我们周围，吞噬我们的自信和乐观的消极想法；艾伯特思维则是积极而有帮助的。

当一个悲观的孩子开始表达很多雷克斯的想法时，把他们拉起来，告诉他们："嗨，我刚刚一连听了十个雷克斯的想法，现在让我们听一些艾伯特的看法吧！"

让孩子理解雷克斯思维和艾伯特思维的区别可能会花上一些时间，但是你有足够的时间。孩子们倾向于完全相信自己的想法，也会从字面意思上听到别人的批评，所以学习权衡不同的意见需要时间。不管孩子几岁，你都可以教他们这些，但是他们可能要等到八九岁的时候才会真正理解。

雷克斯和艾伯特思维实例	
雷克斯	艾伯特
我画不好画。	我能通过学习来提高绘画水平。
我不会演奏音乐。	如果我愿意，我能学好一门乐器，但是我对演奏不感兴趣。
我在测验和考试时压力很大。	每个人考试时都会紧张，适度紧张能让我达到最佳状态。
我和陌生人讲话时十分紧张。	每个人在遇见陌生人时都会有点儿紧张，这没什么可怕的，我现在所有的朋友曾经都是陌生人。

你也许会好奇，既然雷克斯思维这么消极和有局限性，那为什么我们还要有这些想法呢？因为雷克斯帮助你的祖先和你生存了下来。雷克斯是你还在呼吸和拿着这本书的原因。你看，我们都是谨慎而偏执的悲观主义者的后裔。

你的祖先不是那种会说"啊，灌木丛里好像有只剑齿虎，但是我们不要太担心"的人。不是，那样的人早就被吃掉了。是那些谨慎的、偏执的悲观主义者在听到灌木丛里的响声后，迅速移动到安全的地方，幸存了下来，最终才有了你的存在。

比起积极的想法（艾伯特），人类对威胁和消极想法（或者说是雷克斯）关注更多，因为这帮他们存活了下来。

有雷克斯想法是不可避免的。当你认为你已经到达了那个崇高、静谧的开化之地时，雷克斯思维就会浮现在你脑海里，提醒你，你不过是个普通人，像大多数人一样易受攻击。

如我们所知，我们大多数人拥有比艾伯特思维多得多的雷克斯思维，除非我们学会把雷克斯思维转换成艾伯特思维，不然我们就会陷入困境，易于放弃，变得意志消沉，然后让自己屈从于一个暗淡无光的未来。

■ 学会了解雷克斯思维

雷克斯思维让我们保持舒适和安全，但它同时也让我们的天赋和成功之光变得暗淡。它总是分散我们的精力，不让我们专注于自己想做的事。看看周围的世界，你会发现，许多人做了许多事，却不是为了解决他们所面对的问题。例如，赌博、喝酒和安慰性进食只是人们分散注意力的一些方式。

不管是一个孩子在学校好好表现了一天后突然大发脾气，还是一个学生在晚上担心第二天早上的考试，这些行为都不能解决他们的问题，事实上还有可能让情况更糟。雷克斯思维能产生什么行为呢？让我们用两个常见的例子来看看什么是雷克斯思维。

萨拉喜欢上学，特别想好好表现，但是萨拉有一个雷克斯思维，就是她绝对不能考差。(注意,雷克斯的想法是很卑鄙的:"绝对"是一个很极端的词,而且怎样才是"考得差"在萨拉的大脑里并没有一个明确的定义。)

糟糕的一天还是来了,萨拉考了个 C。一个雷克斯式的攻击开始了,萨拉一遍一遍地在脑海里回想这次考试,把自己折磨得焦虑不堪。为了从这个状态中解脱出来,她开始归咎于老师,认为老师在批改试卷的时候一定心情不好,导致给分很严。然而这并不能真正让萨拉感到舒服,因为她平时都是很喜欢和信任老师的。萨拉因为考了个 C 而心情不好,但是她没有主动分析自己可以从这次考试中吸取什么教训,而是试图通过对别人极度友善来证明自己是有用的,以此来缓解自己的坏心情。

如果不做点什么去解决雷克斯思维,萨拉也许就会变成一个爱讨好别人的人,她会为了别人而牺牲自己的需求,帮助别人走向辉煌,自己却扮演一个辅助性的角色。

吉米也喜欢学校,并且和萨拉一样聪明。有一天,他在上课时提了一个问题,结果被同学们取笑。一开始,他只是有点困惑,并没当回事,可是他的朋友们却一直嘲弄他。他为此感到沮丧,但是因为担心失去朋友,他什么也没说。

吉米认为今天的问题会一直存在,无法解决。他想受人欢迎,所以他开始接受同学们的态度。他不再上课提问,还假装觉得学校很无聊。因为装得太像,以至于他自己都开始相信这一点。像这样的雷克斯思维让无数聪明的孩子做蠢事,最终导致学业上的失败。

每个人都有雷克斯思维，但是天才们知道自己的大脑何时会搞破坏，从而阻止这些想法影响自己。当你意识到你的孩子持有雷克斯思维时，你能更好地帮助他们发起反攻，这样也给了艾伯特一些成长的空间。

在接下来的表格里，圈出你的孩子因为受雷克斯思维干扰而影响自己成功的选项，然后问自己下面的问题：

- 这些对策在哪些方面对你的孩子有效？
- 你觉得他们所使用的这些对策会产生什么后果？
- 他们还有没有更好的方法？

找出孩子那些不利于成功的行为				
吹毛求疵	责怪他人	自责	把事情弄得更糟	爱说长道短
当面抱怨他人不能解决问题	树敌	保持沉默，避免谈论	假装问题不存在	担心说错话
拯救他人	过于关心人	反复纠结一个问题	认为生活会一直很糟	担心问题得不到解决
为不相干的事烦恼	发誓复仇	做事拖延	工作太努力	追求完美

续表

找出孩子那些不利于成功的行为				
睡眠不足	改变饮食习惯	改变运动习惯	要么闭门不出，要么社交过于频繁	努力忘记或不去想正面临的问题
开玩笑	感到麻烦太多	半途而废	说服自己本来就不喜欢	通过做不相干的事来转移注意力

■ 如何阻止雷克斯扼杀孩子的天分

雷克斯不会主动缴械投降。你需要教给孩子们挑战并打败雷克斯的方法，同时注意他们是否在使用前一页表格里所列出的对策，并思考那些策略是否对他们有效。

在支持孩子形成艾伯特思维、抵御雷克斯思维的过程中，父母起着不可替代的作用。

"要"和"暂时不"

开启孩子的天赋，有两个词语很重要——"要"和"暂时不"。把语言从"我不得不"改成"我要"，这会帮助我们更加感恩和珍惜活着的美好时光。我们都掉进了"我不得不"的陷阱："我不得不去上班""我不得不去保养车"或是"我不得不完成这个项目"。下次你发现自己在做"我不得不"的事情时，尽量停下来，考虑把它转变成"我要"做的事："我要去上班""我要去保养车"或是"我要完成这个项目"。

据估计，大概有 107602707791 个人曾经在地球上生存过，只有 80 亿或者说只有大约 7.4% 的人现在还活着。试想一下，那些故去的人们一定愿意不惜一切代价换回生命，来做你现在所做的事。

当雷克斯掌控局面时，你也许会听到你的孩子说，"我不擅长数字"或"我不会弹钢琴"或"我不够有创造力"。某些时候，你可能想和他们详谈，但有时候，你只需简单地说一句"暂时不……"——"你不擅长数字，只是暂时不擅长"。这个小小的短语可以颠覆一个孩子的整体思维模式。

寻找机会而不是潜在的威胁

有位父亲曾经给了他两个儿子不同的礼物。一个儿子收到了一只名贵的金表，另外一个收到了一堆马粪。收到金表的孩子忧心忡忡，因为他担心把表弄丢了。另外一个孩子却兴奋地喊道："哇，爸爸，谢谢你送我的小马，现在我要去找它了！"

我们的视角很重要。这就是抱着看看是否有趣的心态去参加某个活动和决定在活动中玩个痛快之间的区别。第二种态度更有可能让我们生活得快乐一点。

教孩子从生活经历中发掘宝藏。为了帮助他们找到宝藏，下面这些问题可能对你有帮助：

- 我们可以从这件事中学到什么？
- 挫折可能很艰难，但是它们教会我们下次如何取得成功。你觉得我们有哪些地方需要做出调整？

● 你喜欢哪个部分？

雷克斯是个强大而狡猾的对手，所以你需要坚定决心，抓住一切机会和可能学到的经验。

没有"试试"这一说

你需要帮助你的孩子讲真话。借口就是谎言，它们是我们为了背离美好生活而编造的小故事，应该被鄙视和唾弃。

在生活的大多数领域，你都拥有选择的权利。当你坚持让孩子选择和创造他们自己的生活时，这会带给他们一种赋权感。

你自己也要讲真话。这意味着你要对自己的借口"低容忍"，同时也要准备做好言行一致的表率。

太多有潜力的天才在借口的泥潭里打滚，一边轻易放过自己，一边过着一种"我本可以……"的生活。

表扬还是不表扬：反馈的艺术

这是一个棘手的问题。我们都想让孩子自我感觉良好，想让孩子知道我们爱他们、相信他们。同时，我们也从自己的生活中学到了残酷的一课，那就是这个世界并不会在我们每一次尝试后都给以掌声。

如果你只注重孩子的能力，可能会无意识地培养孩子做事小心谨慎的态度，导致他们不愿意尝试自己没有把握的事情。

如果你否认孩子很出色，认为他们没有能力做出了不起的事，这就太残酷了，所以这里需要一种折中的办法。首先要一直提醒你的孩子，你觉得他们是天才，只是他们自己还不知道而已；然后重点对他们付出的努力给予积极的评价和反馈。

对孩子付出的努力给予如下评价：

- 你在这件事上的努力让我印象深刻。
- 你能主动练习那首钢琴曲真是太好了，你弹得很流畅。
- 你真的可以说你付出的一切都是值得的了。

培养孩子积极的人生观	
年龄（2~4岁）	<ul><li>在孩子探索世界时，倾心陪伴。</li><li>一同为孩子眼中的神奇世界好奇、惊叹，这一点常常被父母忽略。</li><li>为人父母（祖父母）最美好的事情是可以让自己重返童年，以孩子的视角看待生命，感受美好和欢乐。</li><li>欣赏孩子所付出的努力而不是取得的成绩。</li><li>使用"要""暂时不"。</li><li>游泳。</li><li>玩万花筒。</li></ul>
年龄（5~7岁）	<ul><li>谈论有益和无益的想法——有孩子会把这两种想法称之为艾伯特思维和雷克斯思维。</li><li>在孩子的这一年龄段，请遵守一条简单的育儿理念：让孩子明白你对他们的赏识和信任，同时提醒他们，他们拥有天才的才能。这一观点可以参照本书开头的"父母最该对孩子说的话"。另外，对孩子付出的努力给予肯定和表扬。</li></ul>

续表

	培养孩子积极的人生观
年龄（8~11岁）	■ 谈论我们会如何阻碍自己获得成功。 ■ 解释艾伯特思维和雷克斯思维，告诉孩子我们为何会有这两种思维以及该如何应对。 ■ 可以关注问题，但不要过于纠结问题本身，尽快把话题引向如何解决问题。 ■ 在家中营造一种"可以去做"的氛围。凡事都试着讨论可能性，而不是局限性。这并不意味着你会成为孩子的奴隶。举个例子，如果孩子放学回来说"我想去印度"，你可以这样回答："想法不错，那我们来想想怎么存够钱去印度。"如果他们回家说"我晚上想吃青蛙腿和冰激凌"，你可以回应一句："太好了！你去找青蛙，我这儿有冰激凌。"
年龄（12~18岁）	■ 青春期的孩子十分清楚自己是否适合做某件事。对于不想做的事，他们会因为绝望而彻底放弃。同样，对于想做的事，他们也会全力以赴。 ■ 别让自己的心情随孩子的情绪波动。父母应以平和的心态坚持自己的想法，对孩子的努力给出积极的评价和赞赏。 ■ 坚持使用"要""暂时不"。 ■ 玩视错觉、读心术和迷宫等游戏。

第十章
想象力、创造力和解决问题的能力

> 每当我问人们想要什么的时候,他们总是说想要更快的马。
>
> ——亨利·福特

知识迷恋答案,创造力和智慧钟爱问题和机会。

创造力最容易带来日后的成功。但遗憾的是,研究表明孩子们越来越缺乏创意。在一个创造力可能正在日益枯竭的世界里,想要开启孩子的天赋,就得激发他们的创造性。

好的创意更容易出现在沐浴之时、入睡之后或悠长的漫步之中。这样轻松的天才之道看似奇怪,实则管用。阿基米德在洗澡时高喊"Eureka!"(希腊语"我找到了")时,可能就是身体放松导致的脑电波变化。

当人们绝对放松的时候,往往会找到创造性地解决问题的方法,这样的例子不胜枚举。贝多芬、荣格、莫扎特和拉斯金在饭后散步时经常会想出好主意；达·芬奇经常长时间盯着墙壁，直到各种图案在他脑海里清晰浮现；达尔文喜欢边走边思考，一走就是几千米，他会在起点放一堆石头，每走一圈就踢开一块，直到想出一个主意；爱因斯坦则通过拉手风琴和划船来感受大自然的力量并寻求灵感。

说到注意力，人们总是希望自己变得更为专注，但创造性的思考常常需要我们关注的范围广一些，关注的力度柔和一点。

能够重新看待事物使人们提出新问题成为可能。这正是伟大的科学发现并不都是科学家所为的原因。例如，1774年发现氧气的普里斯特利曾经是一位政府部长。皮耶·德·费马是一位律师，他提出的"费马大定理"使数学家们困惑了数个世纪。发明眼镜的本杰明·富兰克林曾经是一名政治家、外交官和印刷工。

知识和兴趣固然重要，但要看到别人看不见的事物之间的关联，你还需要梦幻般的、灵活的思想转变。当你具备一项简单的天才技能，了解一种观点但并不过分执着，新的感悟便会冒出来。

小孩子刚开始学会提问的时候会问一些很多人不会去问的问题，比如："鸭子为什么会嘎嘎叫？""草为什么是绿的？"但是，很快，他们就学会了不能拿这么多的问题去烦忙碌的大人。

孩子们通常在七八岁时就已经有了自我意识，羞于提问，并以不懂为耻。可悲的是，这正是孩子开始对事物进行抽象思考的时候。如果此时，父母给他们一些引导，建议他们从不同的角度看待问题，就能培养孩子灵活的思维。

通过关注各种想法的相似性和联系而不是它们所属的类别，我们可以鼓励孩子进行无拘无束地思考。比如，我们可以很快地和孩子讨论阳光、雨水、冰雹、雪、暴雨和风同属于"天气"这一类，是天气的不同类别；也可以和孩子讨论这些自然现象是如何联系在一起的。

■ 初学者的思维拓展

> 当荷兰的国际象棋大师扬·海恩·多纳尔被问及如何备战与 IBM 电脑"深蓝"之间的比赛时，他回答说："我会带一把锤子。"

思维拓展听起来有点痛苦，其实既好玩又有趣，就是收集一些想法，并把它们弄得面目全非，然后看看它们是否适用于其他什么地方。

思考奇怪的问题可能导致人们用怪异的眼神看你，但也会激发出天才的灵光。1956 年，当克里斯托弗·科克勒尔发明气垫船的时候，他融合了空气中飘浮的船与海上飞行的飞机两种创意。第一个发明水龙头的人肯定没少遭受他人质疑的眼光。

亚瑟·库斯勒将创造性定义为通过独创性来击败习惯。帮助孩子们从新的角度看待常规事物，并思考它们的不同用途，有助于拓展思维。尝试新的角度使得我们在应对形势和实现改变时拥有更多选择。

不要区别对待

有一种荒诞的观念认为，创造力是一些人与生俱来的。如果我们自认为"没有艺术细胞"，我们可能就会把这种信息悄悄传递给我们的孩子。父母常常不经意间就把自己的焦虑和不足传递给了孩子。当你下次再说"我没有音乐细胞""我数学不好"或者"我在学校就没行过"的时候，请一定加上一句"但我的孩子行"。

是什么扼杀了人们的创造力？

※

- 相信人分为两种：有创造力的人和没有创造力的人。
- 被告知要富有成效地去完成某件事。
- 讽刺。
- 批评。
- 认为家中有一个孩子擅长某件事情，其他孩子就不能在这件事情上取得成功。
- 成功的压力。
- 被嘲笑。

- 被戏弄。
- 过分功利并且只看重结果。
- 在校排名次和进行攀比。

通往创造力的思维惯性

创造力是我们可以从自身和孩子身上开发出来的。创造力人皆有之——只是开发出来需要时间和鼓励。

华特·迪士尼有三间房,在这三间房里,他经常会冒出有创意的想法。在第一间房里,他是一位梦想家,将各种新想法融合在一起;在第二间房里,他是一位现实主义者,审视想法的不足;在第三间房里,他是一位批评家,会考虑这种想法是否有娱乐价值以及能不能更好地实现其价值。爱德华·德·博诺开发了一个用六种不同颜色的思考帽构成的系统,其中红色代表感受,黑色代表警觉,黄色代表利益,绿色代表创造性,白色代表事实,而蓝色则代表过程。

创造力的发生是灵光闪现与筛查的过程。新想法的闪现是激动人心的,但从不那么好的想法中筛查和提炼出好想法可能更为重要。

明白困难所在

重视那些给你和他人带来不便的东西。大约在 50 年前,宜家的员工吉利斯·伦德格林碰到过一个问题。他想把一张桌子装进汽车的后备厢。把桌子腿卸下后,他发现桌子正好可以平放进后备厢。这使得他无意间发明了宜家现在所使用的扁平包装。1995年，皮埃尔·奥米迪亚曾思考拍卖的运作机制，并将其与因特网结合起来，从而创建了易趣。设想一下，如果这些机会被错过了……其实总是有机会被错过。

培养好奇心

孩子天生就有好奇心，扼杀好奇心的凶手就是对失败和犯错的恐惧。应当有条家规，规定在家中只能说"有待改进"，不能说"失败"。

帮孩子培养奇思妙想，看喜剧片是最好的方式。马克斯兄弟的作品，以及《两傻查案记》《宋飞正传》《黑爵士》《辛普森一家》《恶搞之家》《南方公园》《王牌播音员》《小羊肖恩》等喜剧片里都充满了各种离奇、荒诞的想法。

不要急于回答：思考和怀疑

这是一个逼着人们快速作答的世界，但最好的答案往往来得慢。花时间去质疑、考虑、思考和梦想几乎是一场革命，但正是时间让想象力得以发展。

我们通常认为想象是一种将外界事物在脑海里呈现出来的能力。事实上，想象需要走进自己的内心，之后才能在脑海里形成深刻的见解和图像。

让想象有时间驰骋

无聊是需要采取行动的信号。父母千万别想办法帮孩子打发无聊，而是应该让他们去做几件他们觉得有能力完成的事情。

自由玩耍能够开拓想象力。无论是在大自然里探索，还是醉心于某个项目,玩耍都是发挥创造力和想象力所必不可少的。有些孩子不再贪玩,有些家庭因为太忙而没时间玩。如果你们全家人很难挤出时间一起玩,下面的建议将会对你大有帮助。

定时关掉屏幕

一天中的某个时间段,我们需要关掉屏幕,这一点对于父母和孩子都一样重要。关闭电脑,放下电话,对孩子说:"你现在就是最重要的人。"

建立家庭创意角

如果孩子没有可以做出自己创造性决定的空间,他们天赋中的这一部分就不会得到发展。孩子需要时间和选择的自由,需要机会去体验那些看上去没有意义的事情。

家里的创意角应当配备软木塞、蜡笔、毛毡、胶水、苏打水、油漆、管道清洁剂、绳子、珠子、彩纸和拼贴材料。

创意角里还应该有一块黑板,在上面画上有趣的图形,写上名言警句和一些创意。旁边要有一个装着旧衣服、帽子、毛绒玩具和木偶的箱子。

创意角边上放一块易于清洗或可以扔掉的旧垫子。不要用不能弄脏的地毯。

给孩子发明的空间

要想孩子有创造力,就得允许他们把周围弄得脏兮兮、乱糟糟。整齐、光鲜的环境难得培养出天才。

带孩子开展有创意的探险活动。动物园、博物馆和水族馆都比玩具店更值得去（而且长远来看可能还更便宜）。

带孩子参观农场、学做园艺、做剪贴簿和相册。

鼓励他们扎风筝、做马口铁罐、做飞机模型和摄影。

让他们接触各种艺术形式：画画、演奏音乐、写作、陶艺、制作玩偶、做纸工艺品和黏土造型。为人父母最大的乐趣是可以和孩子一起玩。

不要为孩子举办那种每个人都能得到奖品的派对。相反，应当给孩子举办可以动手做东西的派对，如进行厨艺挑战、线索追踪、制作奇装异服、搭建小房子等。

父母带头创新固然好，但放手让孩子去做也同样重要。如果父母总是自己动手，不给孩子创作的机会，也很难将孩子培养成一个有创造力的人。如果孩子感到有人在观察他的每一步行动，他是很难自由创造的。父母对孩子看管太紧会影响孩子创造力的发挥。

父母的确需要一些勇气，才能做到不逼着孩子做出成绩。如果我们后退一步，就能看到孩子在怎么做，而不仅仅是看他做得怎么样。

作为父母，我们有责任去打磨孩子的不完美之处，尤其是当我们擅长于孩子所感兴趣的领域时。每一段有创意的人生都少不了挫折。

寻找简单的解决办法

奥卡姆剃刀原理告诉我们，我们应当始终致力于找到尽可能简单的解决方案。

美国国家航空航天局 (NASA) 曾被宇航员如何在太空写字的问题困扰，因为他们发现，笔在零重力环境下不管用。为了克服这个问题，他们召集了机械、水利和化学工程师团队，并耗费数百万美元来开发太空笔。这简直是一个技术奇迹。太空笔在太空、水下都能使用，甚至还可以颠倒过来书写。

苏联人也解决了这一难题。他们的解决方案是给宇航员配备铅笔。

■ 教孩子创造性思维

为了帮助孩子提升创造力，我们采用 SPARKLING（首字母缩略词）模式。

　　S——积累好点子；
　　P——模式检测；
　　A——分析问题；
　　R——反思和重建想法；
　　K——放风筝；
　　L——不纠结；
　　I——即兴创作与独创性；
　　N——新的描述方法；
　　G——理解和应用。

积累好点子

找到一个捕捉创意的方法。过去，人们常常把绳子、毛线、羊毛等零星杂物收集和储存起来，以备不时之需。你也可以这样收集好点子。把好的想法保存在笔记本电脑、白板、记事本、素描本或抽屉里的某个地方。

很多人脑海里都会冒出好点子，可是又让它们溜走，然后遗忘了。天才们会抓住这样的好点子。

要训练自己和孩子学习抓住好点子。据估计，我们每天至少会有12个灵感迸发。这意味着你每周可以收集到84个好主意，而这些之前都是被错失了的。

不要太挑剔。如果某个点子看似奇怪又不靠谱，先把它记下来。在某些意想不到的时刻，你会发现这个怪点子有多么好用。我们要收集尽可能多的想法，而不只是收集那些看似合理的。利用社交媒体来收集大众观点是一个好办法。

> 最危险的事莫过于你有一个想法，而这个想法是你唯一的想法。
>
> ——埃米尔·查特

模式检测

传奇侦探福尔摩斯曾说过：当你排除不可能时，无论剩下的是什么，无论多么不着调，它就是真相。模式就是能为你提供想法的一系列标志或线索。注意，模式是需要观察的。

人人都可以提高自己的观察能力。方法是选定一个人，注意他的情绪、肢体语言、说话的腔调以及面部表情。你从听、看、注意和观察中学到的东西会让你大吃一惊。

懂得观察周遭世界的艺术是一种难得的技能。要时刻准备着问许多为什么。注意可能出现的问题并考虑解决办法。比如，人们会花很多时间盯着自己的手机看，他们会因此而脖子痛吗？会更需要整骨专家吗？超市的停车位一般都不是平直的，购物车都有很硬的金属边缘，它们需要保险杠来避免刮蹭到汽车吗？如果天气变得更加湿热，人们会不会需要更多雨伞呢？他们是否会需要不受天气影响的靴子呢？我们要不要发明让脚不觉得热的橡胶靴？我们还可以举更多例子，但我想你已经明白了。

分析问题

《不成长就被淘汰》的作者乔治·安斯沃斯·兰德曾对一群5岁孩子进行了一次创造力测试，结果有98%的孩子都属于创造力强的范围。等这一批孩子长到10岁时，再次对他们进行测试，结果仅有30%的孩子仍在这一范围内，而到他们15岁时，只剩下12%，成年之后下降到了2%。

5岁时，我们一天会问65个问题；到44岁时，这个数字降到6。我们笑的频率也会从儿时的每天113次下降到成年时的每天11次。所以成年人更无趣，也更不喜欢钻研。

保持好奇心。要做好有问题却找不到答案的心理准备。扼杀创造力最快的方法是逼迫自己或孩子在指定时间内找到解决办法。

多数伟大的创作都花费了很长时间，如毕加索的名画《格尔尼卡》就经历了无数创作、再创作的过程。

反思和重建想法

我们常常感到没有太多时间反思，所以很少会停下来权衡和考虑一些事件和想法的意义。反思经常被认为是犹豫不定。

达·芬奇认为反思是最有价值的，反思其实是通往创造力的不二法门。

对于一个不安分的孩子或专注于目标的成年人来说，安静地坐着等待足够长的时间，直到创意出现，这需要很大的耐心。但是在我们等待好创意出现时，分散注意力的最好方法是重塑我们的想法。

可以试着问孩子下面一些问题："如果小一点／晚一点／长一点／近一点／热一点／冷一点会怎样？"把和孩子讨论观点当作玩游戏，不要强迫孩子只接受某些观点，要锻炼他们对不同观点的接受能力。

有些问题可以用类比或暗喻的方式和孩子讨论。比如，购物中心是不是像个蜂巢？血液在人体内流动就像水在管子里面流动吗？电子是不是像行星围绕太阳运转一样在原子核里运动呢？

拓展一些想法，尝试各种不同组合，把这些问题抛给孩子。不要在他们开始有点想法时就立即停止，要把这些想法打乱了重新组合。

重建想法需要跳出眼前形势的局限。有时候还需要问"如果正好相反会怎样"。

反思和重建的目的是创造出能灵活运用的各种想法和观念，可以通过图表、提纲、故事梗概图、卡通画和层次结构图来完成。爱德华·德·博诺的六项思考帽也有助于实现这一目标。

放风筝

当人们做白日梦，任思绪像风筝一样悠然升空、自由驰骋时，创意经常就会发生在这样"软聚焦"的思绪中。

莫扎特曾说过："我无法让音乐出现……它只是飘然来到我身边，自然呈现。"

迈克尔·杰克逊也曾说音乐是从梦里来到他身边的。基思·理查兹说他在梦中听到如今非常著名的《满足》一曲中的重复乐段，便立刻跳下床把它写下来。

不纠结

不管阿基米德是不是真的在洗澡时得到了启发，这个故事都有着重要意义。你的大脑在休息时依然能思考并解决问题。放心睡上一觉，让大脑安静下来。睡眠能够重新整理我们的思维。

给孩子规定一些每天必做的事有利于开发创造力。创造力会在我们放慢脚步时出现。它需要获得广泛的经验，然后将这些经验即兴发挥和完善。适应力强的学习者不仅能准确地感知周围的事件和阻碍，还能创造性地利用这些经验。

即兴创作与独创性

创造力有点儿像生火——有时你会得到一个明亮的火花，但大多数时候你只是在那里费力地吹气。你越能给孩子们提供有效的学习方法，给他们机会去仔细思考那些挑战他们并使他们感兴趣的问题，你就越有可能培养出适应力强的学习者。

独创性意味着思考如何将事物用于不同的场合。"这还像别的什么吗？""我怎么将这用于其他情况？"类似这样的问题有助于培养专注力、悟性和灵活思维。

多给孩子的头脑灌输伟大的想法。寻找有杰出创意的人物，以他们为榜样来培养孩子。有时从不同领域获得的想法会有意想不到的收获。梅赛德斯-奔驰汽车公司想开发一款新型小汽车时,他们没有指望其他汽车设计师,而是咨询了瑞士的 Swatch 手表制造商,结果他们共同研发了 Smart 汽车。

即兴创作是关于知识的转化。这需要你问自己:"我还能用其他什么方法,在其他什么地方用上这个吗?"你可以通过向孩子提这些问题来鼓励他们思考。

伟大的爵士音乐人和厨师显然都是即兴创作者。即兴创作的思维会带来伟大的成功。看到轮子和行李箱并将两者结合起来创造出滚轮行李箱的人真是想到点子上了。尝过鳄梨后想"鳄梨上面配上虾味道会更好"的人也成功了。当我们透过形势和问题的表面看到其共同的本质时,即兴的思考和转化就会出现。

要一直思考一种想法如何在不同情形下得以适用。一家制药公司发布了一种名为米诺地尔的降压药。虽然它对降压有效,但有一个重要的副作用——刺激头发生长。所以虽然部分想降低血压的人也会用,但它主要被秃顶的人用于毛发再生。

一家企业生产了一种在寒冷天气里喷洒农药的机器,不幸的是,它没有起作用,因为结冰的喷雾会把庄稼冻死。另外一个人看中了这台机器,将其用于制造滑雪坡上的雪,最后发了大财。

让孩子从不同的角度描述事物,是培养他们灵活思维的一种方式,而这种思维是独创性和即兴创作的基础。把东西放在地板上,让孩子站在椅子上从俯视角度来画,然后再从仰视角度画。让他们想象自己是以鸟儿的视角或者是在盘旋的直升机上画一座城市,又或者是以鱼的视角来画池塘。

很多家庭喜欢且能帮助孩子从不同角度思考的另一活动是掷骰子编故事。每个数字代表故事中的一个要素,如下表。

掷骰子编故事				
1.故事类型	2.情感内容	3.背景	4.环境	5.个性
1.欧美	爱	逆境	沉船	紧张
2.浪漫	恨	机缘	鬼屋	压抑
3.恐怖	背叛	爱的关怀	派对	凶残
4.喜剧	欲望	冲突	影院	诡诈
5.冒险	贪婪	嫉妒	热气球	浪漫
6.戏剧	惊恐	无情嘲讽	亡命列车	感性

玩的时候，由一个人掷骰子来决定你要编的故事类型。再次投掷，决定故事的情感内容和故事环境。每个人都要通过掷骰子来确定他们在故事中的个性。运用想象力由一个人或者几个人一起来编一个故事。

新的描述方法

有创意的想法很像抽奖池里翻滚的乒乓球——你永远没法确定哪些想法或哪个球会以何种顺序出来。

鼓励孩子找出第二个正确答案。达·芬奇认为他初次看待问题的方式相对于他惯常的方式而言，总是有失偏颇。柏拉图曾说以八种不同方式回答同一问题比用同一方式回答八个不同问题要好。

另外一个激发孩子灵活思维的活动是通过掷骰子的方式来设计车辆。父母和孩子玩这类游戏可以提高孩子思维的灵活性。这个活动也是用骰子来决定孩子所要设计的车辆的特点。

参与活动的人通过掷骰子决定车辆在什么界面上行驶，依次通过投掷骰子决定车辆的动力来源和用途。然后让孩子设计出这样的车辆。

掷骰子设计车辆		
1.行驶界面	2.动力来源	3.用途
1.空中	汽油	竞技
2.水面	核动力	军事
3.陆地	煤气	勘探
4.太空	喷射推进	私人交通
5.山地	用马拉	浪漫
6.水下	蒸汽	动物运输

这一游戏的乐趣无疑在于看孩子如何设计出一辆在太空通行的浪漫马车，而你自己却设计出一款在水面行驶的浪漫煤气驱动车。

理解并利用

> 有些人看到什么就是什么，并问为什么；我却梦想从未有过的事物，并问为什么不。
>
> ——肯尼迪改编萧伯纳语

鼓励孩子找到能抓住自己想法的最佳方式。无法抓住自己的灵感就像守着一池鱼却不知如何捕捞一样。

人们会花很多精力告诉你为什么一些事情做不成,别理他们!问题已经解决并不代表我们就应该停止创造性思考。乔布斯开发出 iPod 后,并没有止步不前。

多鼓励孩子问"如果……会怎样?"以此来培养他们的创造力,运用他们的想象力。

提高创造力和想象力	
年龄(2~4岁)	■ 做游戏。 ■ 关注亲身体验和事物间的联系。 ■ 用问题激发孩子的好奇心。 ■ 寻找世界的美好。 ■ 创造一个童话花园。 ■ 用袜子、木偶演戏。 ■ 用小房子、汽车、树木在沙坑里建一座小镇。 ■ 在屋子里搭一个帐篷。
年龄(5~7岁)	■ 告诉孩子他是一个有创造力的人。 ■ 培养他们的好奇心。 ■ 在家里建一个创意角。 ■ 允许孩子把周围弄得脏兮兮、乱糟糟——天才可不会总保持干净整洁。 ■ 带孩子开展创意之旅。

续表

提高创造力和想象力	
年龄（5~7岁）	■ 让孩子见识你的创意。 ■ 关掉电子产品，一起做一些项目，比如用烟斗通条建一座塔楼。 ■ 学吹口哨。 ■ 学打响指。 ■ 放录音机。 ■ 学踢踏舞。 ■ 用代码写信。 ■ 用隐形墨水写信。 ■ 玩魔术。 ■ 做水晶。 ■ 做手链。 ■ 当孩子会做手工时，让他们参加手工活动。 ■ 用纸板做面具。 ■ 玩淘金游戏。
年龄（8~11岁）	■ 让孩子接触喜剧，尤其是那些各种想法胡乱凑在一起的表演。 ■ 讨论常见的问题，并提出富有想象力的解决办法。 ■ 鼓励即兴舞蹈、戏剧、艺术和音乐活动。 ■ 为孩子提供帮助，但适当保持距离，让他们自己发明创造。 ■ 让孩子体验制作面具、地图、木偶、玩具、手工、挂毯、陶艺，以及创作音乐、艺术作品、诗歌。 ■ 有些孩子喜欢表演，有些不喜欢。考虑一下它是否有利于提高你孩子的创造力。

续表

提高创造力和想象力	
年龄（8~11岁）	■ 确保创意时间是孩子娱乐的时间，不要评价孩子做了什么，只要他们喜欢就好。 ■ 练柔道。 ■ 做陶器。 ■ 玩浮潜。 ■ 学习马戏技巧。
年龄（12~18岁）	■ 肯定发明、创造。 ■ 参观艺术画廊、剧院，观看音乐表演和嘉年华、电影和戏剧。 ■ 鼓励孩子们写歌、作诗、完成艺术品、用废料制作雕塑。 ■ 演奏即兴和实验性的音乐。 ■ 参加即兴的戏剧表演。 ■ 画连环画和卡通。 ■ 设计和制作雕塑。 ■ 学习海洋生物学。 ■ 表演喜剧或写笑话。 ■ 表现达达艺术。

第十一章
整理信息的技能

> 每个学生本质上都是相当聪明的。
>
> ——玛法·柯林斯

请把孩子的头脑想象成一个衣橱。大部分人衣橱里的东西都乱七八糟,袜子与衬衫混杂在一起,应该挂在钩子上的外套不知所踪。想法和知识也在很大程度上以相同的方式混杂在一起。

天才不会浪费时间。他们会整理知识,并把相关知识与其他事物联系起来,这样就能在需要时随时检索。

我们生活在信息过剩的时代。大部分人被信息淹没,变得不知所措。雷克斯掌控的那部分大脑不想工作太辛苦,只想回到休息和基本的生存状态——变得精力涣散或容易恼怒。结果聪明的孩子变成了被动的接收者,而不是知识的生产者。

我们的头脑内部整理信息的方式影响我们的专注力以及储存和检

索知识的能力。它同时也影响我们的创造力——如果你不能轻易地调动信息，就无法以新的方式把这些信息联系起来。

在一个浮躁杂乱的世界里，每天有成千上万种事物吸引我们的注意，因此有必要帮助孩子和自己成为有鉴别能力的信息接收者。

如果让大脑装满各种灵感，结果一定令你大吃一惊；但是如果在大脑内装满垃圾，猜猜你会得到什么？因此，你要尝试让孩子接触最好的想法、书籍、电影、歌曲和活动。

十种整理孩子头脑的方法

※

1. 每周抽出一天，让全家人远离电子设备。

2. 至少保证有一次（当然越多越好）家庭聚餐不受电子产品干扰。

3. 每晚在设定好的时间关掉路由器或开启飞行模式来阻止自己上网。

4. 和人说话时坚决不查看社交媒体网站。与家人朋友在一起时不分心，训练自己融入其中。

5. 尝试和孩子进行更深入的谈话。不要总是问孩子今天过得怎样，要问他们今天有什么好的创意或想法。

6. 要清楚新闻总是喜欢关注社会的阴暗面，热衷于报道那些最耸人听闻和最消极的事件。和孩子一起看新闻时要保持警惕：有些新闻会让孩子感到痛苦而难以自拔。

7. 尽可能避免让孩子接触商业广告。

8. 父母要了解焦虑会导致孩子陷入反复思考同一个问题的困境。跟他们谈谈选择，并使用 PICCA 决策模式（见第七章）来引导他们采取行动。

9. 与孩子玩一些能培养他们专注力的活动，如接球、投球、杂耍、冲浪或滑雪，这些活动都需要注意力高度集中。

10. 在一起读完故事或看完电影后，和他们谈谈故事或电影的主旨及关键信息。

■ 帮助孩子以他们最可能用到的方式来学习

如果我要你说出表达月份的英文单词，你可能会轻而易举地列出来。但是，如果我要你按字母顺序排列这些月份单词，你可能会觉得有点难度。

这里的重点是父母要按照希望孩子使用信息的方式教导他们。如果你要让他们带午餐去学校，可以让他们将食物按食用顺序一一放入午餐盒，如课间点心、午餐三明治、水果、饮料。

■ 理解阶梯和逆向学习的艺术

学习新事物最有效的一种方式是逆向学习。逆向学习是一种通过理解阶梯来实现信息整理的好方法。即使你从未听说过"理解阶梯"这个词，你也可能已经用过这套流程，这完全就是大部分人学习系鞋带的方法。

你还记得自己怎么学会系鞋带的吗？很可能是有人为你做了两个圈让你把它们系上。如果你学会了如何把两个圈系起来，接下来他们就会教你怎么绕一个圈，然后绕另一个圈。最终，你能通过逆向学习每个步骤而完成任务。

这样做很聪明，教你的人先给你一种学会做某事的感觉（自己系鞋带），接着才教导你做好这件事所需的步骤。

这也是为什么孩子们总是先学会给洗完澡的小狗刷毛或吹毛，然后再学习如何为小狗洗澡。

理解阶梯的应用范围远远不止系鞋带和给小狗洗澡，它也可以用来帮助孩子学习解决问题的程序、流程和方法。

比如我设计了一种五步法来解数学题或写作文。我们可以如下图列出五步：

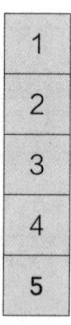

接下来，我们可制定类似的五步程序，列出前四步，并要求孩子

完成第五步。

```
┌───┐
│ 1 │
├───┤
│ 2 │
├───┤
│ 3 │
├───┤
│ 4 │
├───┤
│ ? │
└───┘
```

然后，继续使用几个并列的问题。

1	1	1	1	1	?
2	2	2	2	?	?
3	3	3	?	?	?
4	4	?	?	?	?
5	?	?	?	?	?

如图所示，第一次给出所有步骤；在接下来例子中，给出前四个步骤，让他们想出最后一步；然后给出前三个步骤，让他们想出最后两步……照此类推。

理解阶梯帮助孩子认识到做任何事都有一定的顺序，无论是写出一篇好作文、学习演奏一门乐器，还是完成一项科学实验或解答一道数学题。

列出解决问题时所需的步骤有助于培养孩子的自我解释能力，让他们学会独立思考:"首先我要这样做,然后我要……"

那些能想透问题、弄明白解决问题所需步骤的孩子通常能提高学习成绩,尤其是在理科方面。

理解阶梯用同样的结构勾勒出问题的轮廓,帮助孩子增加对步骤的认知。孩子会逐渐发现有些题目其实就是同类问题,只不过用不同方式表达出来而已。例如:

问题 1

我有 5 只小鸟,3 只飞走了。剩下多少只?

$5 - 3 = ?$

问题 2

我有几只小鸟,3 只飞走了,现在有 2 只。我最初有多少只?

$? - 3 = 2$

问题 3

我有 5 只小鸟,有几只飞走了,还有 2 只。有多少只飞走了?

$5 - ? = 2$

问题 4

我有几只小鸟,有几只飞走了,我现在还有 2 只。

我最初可能有多少只小鸟?

有多少只可能飞走了?

你能发现多少种组合方案?

有没有规律?

■ 分组和分类

孩子很小就能学习以不同的方式对事物进行分组，如形状、大小、颜色和材质。他们也能将概念与类别进行关联。例如，以下哪些事物与冬天有关？防晒霜、雪、霜、足球、花朵、热天还是壁炉？

孩子一旦获得将概念与类别关联的技能，他们就能利用文氏图比较两种或两种以上的类别。

要帮助孩子学习文氏图，请举出两个（或更多）概念，并考虑它们有何不同，又有何共同点。例如，狗和长颈鹿都有四条腿、会呼吸、吃食物和到处跑，但只有狗会吠、摇尾巴、啃骨头，只有长颈鹿才有长脖子并且主要生活在非洲。

教孩子使用文氏图的最简单方法是在地上放一些圈，将想法或图片贴在纸上，然后将它们归入不同的圈。然后你可以让孩子复制它们在纸上画出文氏图，边画边和你讨论。

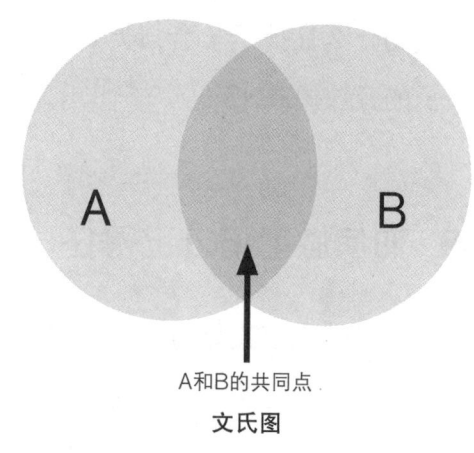

文氏图

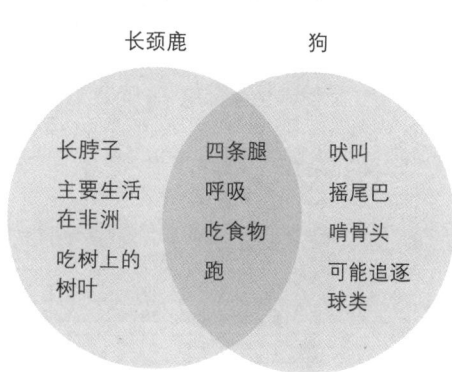

文氏图：狗和长颈鹿

为什么让孩子学会归类如此重要？因为识别共同点和不同点能让孩子的分数提高 45%。

■ 如何做笔记才记得住

整理信息的最好方法之一是做笔记。大部分天才精通归档、储存和整理信息的复杂方法。对漫不经心的观察者来说，他们的方法可能显得杂乱无章，但确实有一套方法。天才会按自己的方式系统地记录与他们的兴趣相关的好想法，并以对他们有用的方式整理这些想法。

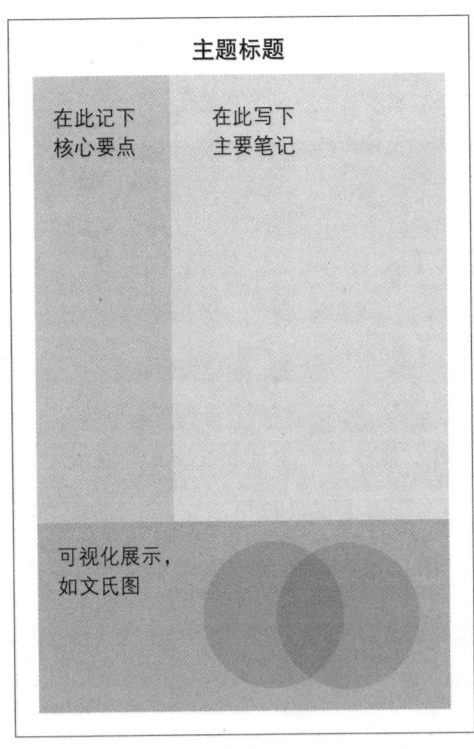

从 2001 年起，我与世界各地的老师共同实施"实用智能项目"，旨在寻找一些更有效的方法帮助孩子学习。这里讲到的做笔记的方法就是从这些讨论中衍生而来。

左图实际上是改编了康奈尔的笔记法。孩子要在页面顶部写上主题的标题，然后将页面分成三大部分。

1. 右边最大的空白处供孩子记下主要的笔记。

2. 在左侧边栏，他们需

要记录最重要的信息或主旨。

3. 在底部，他们将同样的知识转化为视觉材料。文氏图是理想的选择，但气泡图或概念图也同样有效。

对年龄较小的孩子来说，帮助他们学习如何在读过的书上做笔记十分有益。通过玩"找主题"游戏，如找出电影、故事或才艺秀电视节目的要点有助于孩子学会抓住问题的关键。

在一个信息超载、令人分心的世界里，一个人如果知道如何专注于最重要的信息、找出主旨并识别事物的关键所在，他就占据了主要优势。

通过使用上述笔记法，孩子可以将同样的知识转化为三种不同的形式：主要笔记、核心要点和可视化展示，因此会大大增加这些知识在记忆中的存储时间。

问题是，人类要重复某件事情24次，才能掌握80%的技能。你如何让孩子重复某件事情24次？接下来，我会向你展示如何助记忆一臂之力。

助记忆一臂之力——重复的方法

孩子一旦学到某些知识，就要求他们制作"总结手"来总结这些知识。

让他们用纸板剪出自己的手形（年龄很小的孩子可能需要父母的协助）。然后，让孩子助自己的记忆一臂之力。

在纸板手的一面，让他们写出关于某个主题的五条最重要的知识——每个手指写一条。

秋天的五个特征：树叶变色、温度降低、下雨、土壤变凉、白天变短。

艺术史的五个阶段：文艺复兴、新古典主义、浪漫主义、现代、当代。

化学反应的五种类型：燃烧、合成、分解、酸碱、单置换和双置换。

在掌心处，他们可以画一幅文氏图，或以要点的形式记下某个主题的详细总结。

然后将"总结手"翻过来再写上：

- 他们的名字；
- 可用于测试他们对这个主题的记忆情况的两个问题；
- 一个特别难回答的问题。

最后赋予这个难回答的问题一个分值。

要有耐心！培养孩子学习制作一只好的"总结手"来整理信息需要较长一段时间。最理想的结果也是要几年才能帮助他们学会这项技能。

这种方法已成功用于各年龄段的孩子身上，因此大幅度降低了孩子理解主要概念时需要重复记忆的次数。

"总结手"不仅能帮助高中生整理和修改学习要点，为考试做好准备，还能帮助低龄儿童厘清思路。

在翻转"手掌"查看答案前，可以试着让孩子先回答问题来测试他们的记忆和知识。

> 我只是选择一块大理石，然后把多余的部分去掉。
> ——弗朗索瓦·奥古斯特·罗丹（1840—1917）
> 在被问及如何成功雕出那些非凡雕塑时的回答。

帮助孩子运用天资和记忆力来做笔记

教孩子记下和整理所学信息的方法能大大增强他们的记忆力。

孩子最不愿意看到枯燥的笔记。所以,要运用有吸引力的元素帮助他们做出五颜六色的笔记。

字的大小要不尽相同,这样就能让一些字突出显示。

有些孩子在学校时会很焦虑,想要记下所有内容。要教他们运用符号和缩写。

教孩子整理技能	
年龄(2~4岁)	■ 在家庭日常中运用不同颜色的理解阶梯,如起床、准备睡觉等。 ■ 尽量减少接触电子设备的时间,并一直保持这个习惯。 ■ 强调并讨论事物之间的共同点及不同点。
年龄(5~7岁)	■ 运用理解阶梯来教孩子一些基本技能——如何写故事、如何系鞋带、如何解决问题。 ■ 使用呼啦圈来区分不同点和共同点,用这种方法来介绍文氏图。 ■ 做简单的科学实验。 ■ 尝试基础的化学仪器。 ■ 使用显微镜,并记录观察到的事物。 ■ 建造小房子。 ■ 演奏木琴。

续表

	教孩子整理技能
年龄（8~11岁）	■ 运用理解阶梯来教孩子如何做决定。 ■ 以游戏的方式帮助孩子学习抓住故事、电视节目、电影或图画书的要点。 ■ 教孩子如何做笔记。如果孩子的老师在运用其他方法，请与他们分享这本书。 ■ 制作"总结手"来归纳要点。 ■ 做简单的木工。 ■ 制造木质儿童车。 ■ 演奏大提琴、小提琴、钢琴、吉他。 ■ 玩辩论游戏。 ■ 解答智力谜语。 ■ 修补被刺破的自行车轮胎。 ■ 用贝蒂·艾德华《用右脑绘画》这本书中的观点来培养孩子的观察能力和艺术能力。 ■ 解答思考谜题。 ■ 安排晚餐、膳食、购物、假期、生日聚会和每周的时间表。
年龄（12~18岁）	■ 有些青少年误认为自己什么都懂了，要重新教他们如何做笔记。 ■ 鼓励他们做有趣的笔记。 ■ 不要轻信他们说的"我能用手机拍下黑板上的内容"或"我会记得的"。手写的笔记要有用得多。 ■ 运用文氏图来帮助他们厘清思路。

续表

教孩子整理技能	
年龄（12~18岁）	<ul><li>提醒他们制作图表，如第六章所述的计划图表。</li><li>教他们制作"总结手"，以及如何在考前复习时使用（请参阅第十二章）。</li><li>带他们去徒步、远足和露营。</li><li>让他们参与《魔鬼代言人》式的辩论。</li><li>让他们解答智力谜语。</li><li>教他们基础的机械原理。</li></ul>

第十二章
提高记忆力和学习力

> 从我有记忆的时候开始,我就一直在失忆。
> ——单口相声演员史蒂夫·怀特

我们多数人都无法记到圆周率的小数点后 50 位,或者进行大数目的心算。在赌场里,如果你能准确记得出了哪些牌,还剩哪些牌,那么等你赢了一大笔钱以后,很可能会被世界上多数赌场拒之门外。如今我们身处一个随时可以轻松获得大量信息的时代,于是很多人就不再努力去记忆了。就像计算器被称为伟大的校平机一样,互联网成了人类有史以来最瑰丽的图书馆。

然而,记忆力和智力紧密相关,提高孩子的记忆力是家长能为开启孩子天赋所做的最有用的事。

如果孩子们掌握了好的记忆方法,他们就会发现学习和考试变得容易了许多。学校所要求的记忆技巧比其他任何工作都要多。写作、拼写、数学和考试都是对记忆力要求极高的学习活动，但不幸的是，只有极少数的学校会给学生提供记忆训练课程。

同帮助孩子集中注意力一样，增强他们的记忆力也许是提高他们成绩的最确定的方式。就像我们看到的，只要有动力，帮孩子们掌握一些基本的方法是可以提高他们的记忆力和成绩的。

■ 睡前学习

睡觉之前做的事，往往是我们记得最清楚的事。睡觉前读的或者是学的任何东西都会在梦里重组，而梦境就是我们巩固记忆的地方。

我在帮助演员们背诵电影或戏剧台词的时候，会让他们把自己所扮演角色的台词朗读并录下来，在睡前反复听。在帮助那些想在学校获得高分的学生时，我用的也是同一个方法。在睡觉前反复听想记住的知识点可以有效帮助他们记住那些知识点。

在学校，我让一群学生用不同的声音制作关键话题的录音。通过这种方式，他们不仅能够在睡前复习学到的知识，还可以将关键概念和特定的人的声音联系起来。

这意味着孩子们睡前不应该是学习、打电话、睡觉的顺序；为了最好的巩固效果，这个顺序应该改为：打电话、学习、睡觉。

这就是为什么在孩子睡觉之前告诉他们你爱他们非常重要，也是为什么和伴侣吵架后一定要在睡前和好。

■ 补充葡萄糖

在考试或是考评任务开始的前 20 分钟，补充一定量的葡萄糖可以增强记忆力。对孩子来说，服用额外的葡萄糖是安全的，你可能想买一些葡萄糖片剂来尝试一下，但吃一些水果软糖就可以达到同样的效果。

■ 刺激迷走神经

增强记忆力的另一个小窍门是刺激迷走神经。这是一根连接我们的脑干和腹部以及脑干和腹部之间很多器官的脑神经。有个学中医的同事告诉我，迷走神经的穴位就在脖子后部的一个凹陷处，可以通过按压脖子后部来刺激这条神经。还有一种刺激它的方法是深呼吸，深呼吸有助于放松。当你想记住某事时，就请尝试一下这些方法吧！

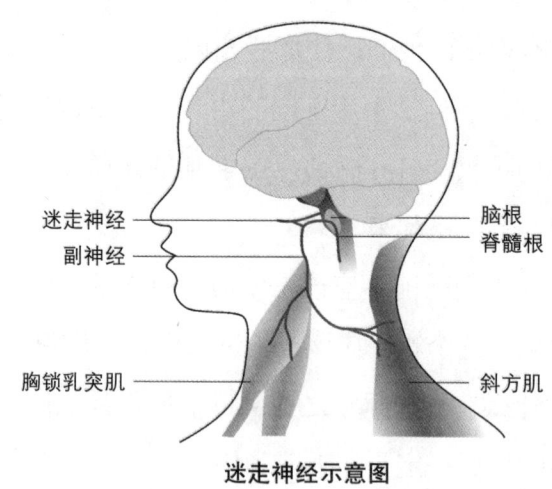

迷走神经示意图

■ 可视化处理

比起声音和文字，孩子们更能记住可以看见的事物。帮他们学习或理解某种新事物时，如果可能的话，加一张照片、流程表、地图、图画或者提纲进行描述。

■ 在20分钟内快速学习

一般来说，如果我们想记住一系列事物的话，我们最可能回忆起的是开头和结尾的少数几个，中间的大多数很可能会忘记。这一规律也适用于学习过程、上课时间和家庭作业时间。

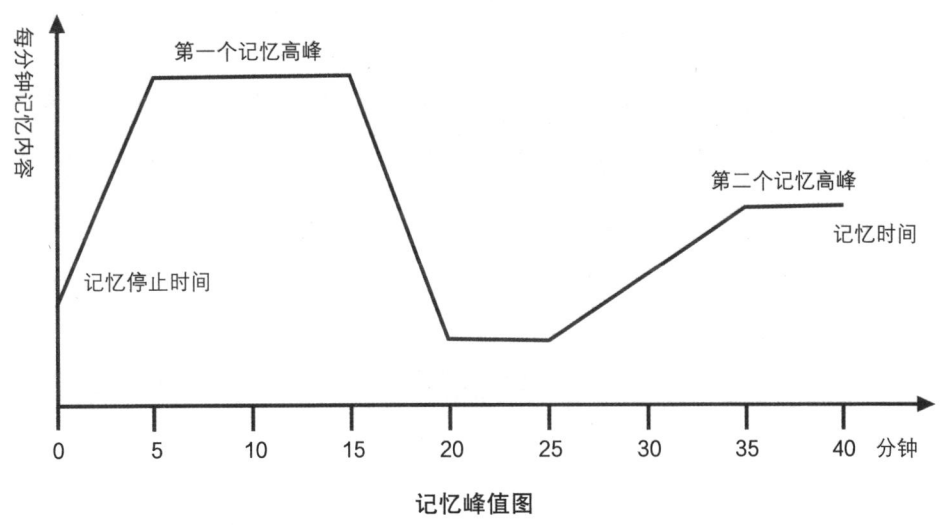

记忆峰值图

我在很多学校进行的调查显示，教学进行了大约20分钟后，孩子们的眼睛开始变得呆滞，思绪开始飘散。因此，老师们经常把较长的上课时间分割成 20 分钟左右的时段。

这意味着 20 分钟的短时记忆在家里可能是最有效的。所以,在 20 分钟内快速做完家庭作业或者每 20 分钟就换一个学科,远比拖拖拉拉做几个小时的作业效果要好。

为了将学习过程的记忆效果最大化,大约 20 分钟就换一个学习内容吧!比如,你可以先给孩子读 20 分钟书(这当然取决于孩子的年纪和兴趣),然后讨论这个故事,或者聊一下和这个故事相关的别的内容。

■ 积极参与

> 不闻不若闻之,闻之不若见之,见之不若知之,知之不若行之。
> ——荀子,中国古代思想家(约公元前 313—公元前 238)

孩子对某一件事的参与程度越高,就越容易记住它。

从下页的记忆金字塔中你可以看到,你明天只能记住你在这本书中所看内容的 10%。但是,如果你和别人谈论你读过的内容,你将能记住 50%;如果你决定运用这些知识去帮助你的孩子,你记住的内容将提升到 90%。

学习新事物的一个方式是听,听完后建一个图表,反复练习,看它是否有用,接下来再听,直到正确地理解它,最后把学到的知识告诉或者教给别人。

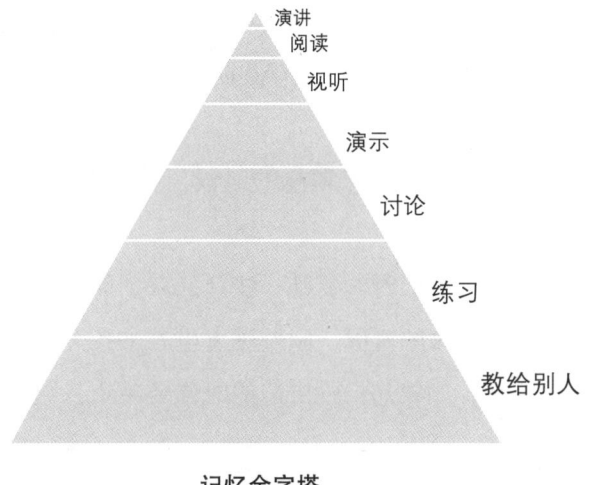

记忆金字塔

记忆金字塔也告诉我们,比起你说过的话,孩子们更容易回忆起你做的事和做事的方式。

这就是为什么天才儿童的父母自己也需要拥有精彩的人生。这样可以让孩子看到,生活可以是多姿多彩的,学习可以是有趣的,成功是值得争取的,做父母是充满乐趣的!

那个能记住每个人的男人:BASE 记忆法

20 世纪 40 年代,在纽约东大街 55 号"比利·里德的小俱乐部"里,聚集着一群极为普通的人,但是超级记忆大师哈里·洛拉尼却成功地记住了这里的每一个人。哈里的方法就是走到人群里,打听他们的名字。哈里在开始表演之前,会让所有他见过的人站起来,逐一说出他们的名字,然后才让他们坐下。

哈里试过很多办法，但最主要的是 BASE 记忆法。BASE 是四个英文单词的首字母，它们分别代表 Big（大）、Active（活跃）、Substitute（代替）、Exaggerate（夸大）。

当你用 BASE 记忆法去记忆某事物的时候，要想象它是大的、活跃的，然后替代和夸大它。

比如说，你想记住下班的时候要带一些鱼回家。你就可以在脑海里描绘这样一幅画面：你开车回家的时候，副驾驶上坐着一条大鱼，后座上还游着成千上万条小鱼。或者，如果想记住出门的时候要带伞，你可以想象自己用一把大伞开了门。

哈里还会通过听觉联想来记住名字，他称之为替换词系统。他对人们脸上的特征进行联想，并创造出一个多面的荒谬形象，这样就很容易记住。通过这个系统来记名字的五个要诀是：

1. 听清这个名字；

2. 尽量在大脑里拼写这个名字；

3. 给这个名字打分；

4. 在初次对话中使用这个名字；

5. 在分开的时候说出这个名字，然后把它与这个人脸上的突出特征联系起来。

在洛拉尼系统里，姓氏被分成了 3 种类型：

- 有着明显或固定意义的名字（保曼、思旺、艾伯特、普里斯特利）。
- 有着高度联想辨识度的名字（范思哲、福克纳、贝拉）。
- 没有明确联想或含义的名字（马列罗、布拉德温、阿卡科维奇、本内特）。

最后这一类可以找到发音相似的词。所以,本内特可以拆成"本,那特"或是"冰,那特",布拉德温可以被转换成"不辣的,温"或是"不辣的,闻"。

这听起来很奇怪,但确实很有效!

BASE 记忆法是一个让事物更加容易被记住的好办法。如果你学习了哈里的一些方法,并把它们传授给你的孩子,你将为他们播下成功的种子。

■ 提高不同类型记忆力的方法

记忆主要分为 3 种:瞬时记忆、短时记忆和长时记忆。

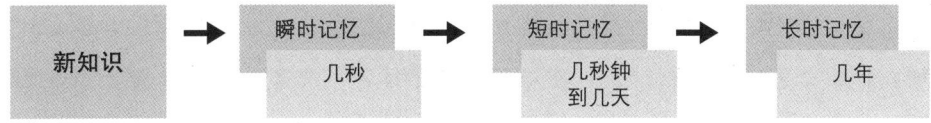

瞬时记忆

瞬时记忆只能延续 5 秒,如果不立即使用这个信息,它就会很快地从我们的意识里消失。

人们在瞬时记忆里储存的信息是能够持续的。人类记忆的黄金规律是,人们可以一次性记住 5~8 条信息。

对 5 岁以下的孩子来说,瞬时记忆能储存的信息更少——大概在 1~3 条之间。事实上,当你想让孩子做事时,可以采用"岁数 + 1"的方法。你发出的指令的文字个数应该是"孩子的岁数 + 1"。

所以,如果你对 6 岁的孩子说:"快点把牛奶喝完,然后把牙刷干净,不然我们上学就要迟到了。(25 个字)"大部分孩子都会茫然地望着你,然后说:"啥?"这个时候你就要分解指令,一次只说一条。

如果我们的瞬时记忆一次可以记住 7 件事，你也许会想："好吧，聪明的家伙，如果是这样的话，为什么电话号码至少有 8 位数，我们还能记住呢？"答案就是我们学会了把信息分解成很多部分，所以，我们把 94913281 拆成了 9491-32-81，而不是笼统地记成 94913281。

分解也可以帮助我们记忆字符串。比如，我让你记住下面这一串字母，大部分人应该很难做到。

F D R B B C C I A E U F B I U K J F K N Y C U S A

但是，如果我们把这些字母按某种规律拆开，就会好记多了。

FDR　BBC　CIA　EU　FBI　UK　JFK　NYC　USA

替孩子把字母拆开，意味着把重要的信息拆分成能马上理解的片语。比如，让孩子在地图上找非洲，接下来看他们能不能找到肯尼亚，最后试着看他们能不能找到肯尼亚的首都（内罗毕）。

短时记忆

短时记忆就是，当你觉得一条信息好像有用，却还没决定是否要永久保存它的时候，就暂时把它存储起来。此时各种想法融合并得以完善。当你去购物时，你会用短时记忆来回忆你需要什么或想买什么。建立短时记忆最有效的方法就是激发兴趣。

幼童一般可以用短时记忆把信息保存 5~10 分钟，青少年可以保存 10~15 分钟。随着记忆时间的增加，信息的使用及与其他信息之间产生关联的方式需要一些变化。这时转述技巧就可派上用场了。

我们记忆重要信息的方法就是把它分解成更简单的信息，转述意味着在任何一条信息里找到最重要的观点。

你可以开发孩子转述的技能。让他们给你讲个故事、简述电视节目或电影的主要内容。你也可以让孩子为某篇文章写 100 字左右的摘要，然后逐步将摘要的字数减少到 50 个字、25 个字。你们也可以玩这样的游戏："用 10 个或 10 以内的字，告诉我这个故事的大意。"

长时记忆

长时记忆是指永久性的信息存贮，一般能保持多年甚至终身。当某件事进入长时记忆时，大脑的各个部分就开始对它进行处理。这让我们解脱出来，集中注意力做别的事。

长时记忆里储存的信息不仅能让你每天醒来时想起你的朋友和家人，也意味着你不用从零开始。

下面几点是需要了解的关于长时记忆如何运作的重要知识。

1. 把信息储存到长时记忆里最好的方法，不是靠一遍又一遍地读。 翻来覆去地读笔记并不是备考的好方法，最好的记忆信息的方法是进行转码，例如，把语言转换成图片，或是把图片转换成语言或者声音。

2. 把信息储存到长时记忆里的方法与我们把信息从长时记忆里提取出来的方法并不一样。 在长时记忆里储存信息主要依靠它与其他信息之间的相似之处，而提取信息则主要根据它们的不同点。

比如说，当你还是个孩子的时候，你养了一只小狗。通过了解它和别的狗的相同点——四条腿、毛茸茸、吠叫等，你知道并记住你的小狗。设想一下，你的狗不见了，你要去动物收容所里找它。为了找到它，你会在大脑里描绘出小狗的样子。相同点对你找到它没有多大用处，——"嗯，它有四条腿，喜欢叫，身上有点味道"——这些信息对你帮助不大。所以你会用小狗独有的鲜明特征来找它:"嗯,让我想想,它的左肩上有块斑点,尾巴有点弯曲。"我们就是用这种方法记住各种想法的——同中有异。

这意味着,当我们想学会并记住某件事的时候,我们需要找到它和别的事物之间的相同点和不同点。

3. 将某事储存在长时记忆里需要时间。在学到了新事物后,大脑需要几个小时来巩固它。合理的睡眠可以让长时记忆的效果达到最佳,这对高中生尤为重要。睡前的几分钟非常关键(参照本章前半段的"睡前学习")。

记住某事物的最好方法是转化它。如果它是图像,就把它转化成文字;如果它是声音,就创作相关的图像或表格。用目录、缩写、表格和图表把新信息和之前的信息联系起来。这就是成绩好的学生除了做家庭作业之外,每个星期还要花一些时间复习笔记的原因,复习可以加深印象。

下面是一些有助于提高长时记忆能力的方法。

路径法

达·芬奇有一个增强长时记忆的策略,称作路径法。假如你需要记住10个事物,为了记住它们,你可以想象一段你自己非常熟悉,你的孩子几乎闭着眼睛就可以走过的路。这段路可以是从孩子的卧室到厕所,也可以是从厕所到厨房。最重要的是,他们要对这段路非常非常熟悉。

接下来让他们在这段路途中选10个地标,把他们想记住的10件事物和这10个地标相匹配——一件事物对应一个地标。之后当他们需要回忆这些事物的时候,他们就会想起这段路程。

如果你要记住10位希腊哲学家,你就可以把他们和从家里到商店路上的10个有特点的风景联系起来。

地标	需要记住的信息
1. 出门	亚里士多德
2. 左转	克利奥米尼斯
3. 松树	第欧根尼
4. 巴士站	埃皮克提图
5. 右转	伊壁鸠鲁
6. 过马路	柏拉图
7. 左转	普鲁塔克
8. 面包房	毕达哥拉斯
9. 自行车棚	苏格拉底
10. 商店	泰勒斯

另一个记住他们的办法就是，利用你人生中印象深刻的 10 个时刻。比如 1 岁的时候，父母送给你一只泰迪熊，由此想象出亚里士多德正抱着这只小熊。

培哥记忆法

另一个记忆策略是培哥记忆法（即一种图像定位记忆法。首先将需要记忆的材料进行编码，然后转化为生动有趣的图像，运用联想法、定桩法等进行记忆。这样，能够将抽象的、没有规律的信息转化为一幅幅有趣的图像而被记住。——译者）。这个方法是给孩子 10 个"培哥"（孩子最熟悉的事物作为固定编码）或是单词，然后将它们与数字挂钩，这样孩子可以把需要记住的信息与自己所设置的固定编码一一对应，从而轻松记忆。（有些孩子认为培哥记忆法非常实用，有些孩子却弄不明白。你可以尝试一下。）孩子必须对固定下来的编码十分熟悉，直到他们可以倒背如流。

比如对自己的身体部位进行编号。如:（1）头,（2）脖子,（3）肩膀,（4）胳膊,（5）背,（6）腿,（7）脚……熟练地记下来,做到一说"5"就很快地联想到背,一说"7"就想到脚。把这些编码固定下来,然后通过联想与所需记忆的材料相连接。如果想要记住这样几个词:（1）金鱼,（2）大象,（3）空气,（4）冰箱,（5）楼房,（6）钢笔……记忆的时候就将金鱼和固定码的1号"头"联系起来,想象头上顶着一条金鱼;要记第六个词"钢笔",可以想象一只长了腿的钢笔在跳舞。通过这样的方法,记忆过程变得很有趣,而且记忆起来也容易多了。

培哥记忆法的问题是有时编码太过文雅反而不容易记住。根据家长的偏好和孩子的年纪,提供两套编码——一套文雅,一套粗俗。

	文雅	粗俗	人名
1	太阳	屁股	亚里士多德
2	鞋子	大便	克利奥米尼斯
3	跳蚤	懒猪	第欧根尼
4	爪子	讨厌鬼	埃皮克提图
5	摇摆舞	摇摆舞	伊壁鸠鲁
6	树枝	病人	柏拉图
7	天堂	天堂	普鲁塔克
8	吃货	吃货	毕达哥拉斯
9	阳光	阳光	苏格拉底
10	母鸡	母鸡	泰勒斯

在这个例子中，我们可以把亚里士多德和太阳联系起来，并想象一位叫亚里士多德的老人正坐着晒太阳；与此同时，伊壁鸠鲁在一旁跳摇摆舞，而泰勒斯正抱着一只老母鸡。

首字母记忆法

首字母缩略语是指一个单词或句子里每个字母都代表着不同的信息。"My Very Educated Mother Just Sent Us Nine Pizzas"的本意是"我的受教育程度很高的妈妈，刚刚给我们送了9个比萨"。如果你仔细观察这句话中每个单词的首字母，你会发现这句话可以帮助你来记住八大行星以及冥王星的英文和它们距离太阳远近的顺序。离太阳最近的行星叫作Mercury水星，V是Venus 金星，E是Earth 地球，M是Mars 火星，J是Jupiter 木星，S是Saturn 土星，U是Uranus 天王星，N是Neptune 海王星，最后P是Pluto 冥王星。另一个例子是"Every Good Boy Deserves Fruit"，本意是"每个好孩子都可以吃到水果"，首字母EGBDF可以帮助音乐家们记住五线谱的线条。还有一句话是"Eddie Ate Dynamite, Good Bye Eddie"，本意是"艾迪吃了炸药，永别了艾迪"，首字母EADGBE可以帮助吉他手们记住每一条和弦。

首字母缩略语可以利用孩子感兴趣的任何事物为素材——摩托车、音乐家、恐龙或者电影明星的名字。

学医的学生们会用缩略语"PEST OF 6"来记颅骨，它的本意是"六只害虫"。这句话里的每一个字母都代表一块颅骨，6这个数字代表颅骨总共有6块。

P: Parietal bone 顶骨

E: Ethmoid bone 筛骨

S: Sphenoid bone 蝶骨

T: Temporal bone 颞骨

O: Occipital bone 枕骨

F: Frontal bone 额骨

学化学的学生通过反复念下面这句话记住了元素周期表的前 9 个元素。

Harry	He	Likes	Beer	By	Cupfuls	Not	Over	Flowing
Hydrogen	Helium	Lithium	Beryllium	Boron	Carbon	Nitrogen	Oxygen	Fluorine

一句"哈里他喜欢喝大杯的不剧烈冒泡的啤酒",就记住了"氢氦锂铍硼碳氮氧氟"9 个元素。

赋予意义

强化长时记忆的黄金规则是,让要记忆的内容具备某种意义。

在单词下面画线或是用荧光笔做记号都能帮助孩子提高记忆力。教会他们如何复习已经学过的知识并总结,然后让他们准备卡片,在卡片的一面写问题,另一面写答案,进行自我测试(参照本章前面提到的内容)。有些成绩很好的学生会录下每门课需要记住的内容,然后播放给自己听。

你也可以让孩子练习在不同的情境下回忆信息,以此来帮他们提高记忆力。如果你的孩子在考试时很紧张,就让他们在类似的情境下进行练习。

■ 帮助孩子在测验和考试中取得好成绩

多数人在测验和考试之前都会感到焦虑。导致焦虑的部分原因是血液里的皮质醇增加了,皮质醇会阻碍记忆。这就是为什么很多人坐在考场里，会把自己学过的知识忘得一干二净。

为了减少皮质醇，孩子们需要不断以一种程式化的方式进行学习和复习。一套固定的学习方式可以减轻焦虑。

如果可能的话，在考试前几天，让焦虑的孩子把自己害怕的东西写在纸上。这有助于让恐惧具体化，承认恐惧，恐惧会相应变少或减弱。告诉孩子，深呼吸有助于他们冷静下来，因为深呼吸会刺激迷走神经（参照本章前面的内容），从而启动放松机制。

如果能弄清孩子在考场上的位置，最好在考试前，让他们提前坐在那个座位上体验一下。这种方式可以让焦虑的孩子平静下来。

孩子进入高年级后，父母要持续鼓励他们按照第十一章里的方法来做笔记，帮助他们学会如何分析文章的大意。

只是翻来覆去地阅读笔记并不会很有效。这不但枯燥，还给孩子一种错觉，以为自己真正理解了笔记的内容，而事实并非如此。能够真正记住知识的方法是转化信息——从笔记，到"总结手"，到播客以及自我测试。每个星期做一次总结（参照本章前面的内容）。学习不同的内容，要使用不同颜色的卡片。鼓励孩子每个星期用卡片进行自我测试。

让孩子自己整理写了摘要的卡片，把回答正确的归一类，回答错误的归一类。他们应该把精力放在那些回答错误的卡片上，直到重新测试时全部答对。最后再把所有卡片混在一起，再次进行测试。

这个过程结束后，孩子们可以把总结做成播客，把它与路径法、培哥法结合起来使用。

这意味着复习不应该是在考试前几周才开始,而应该是贯穿在一整年的学习中。

儿童强化学习流程

1. 学习所有科目或所有内容。

2. 用测试来评估学习效果。

3. 找出有待改进的地方。

4. 集中精力学习有问题的地方。

5. 重新测试。

6. 再次学习所有科目。

7. 再次用测试评估学习效果。

8. 集中精力学习不理解的问题。

考试中常用来提问的关键词	
术语	释义
说明	给出原因。
分析	将一个概念分解,找出各部分的关系。
分解	对一个因子的解释说明。

续表

考试中常用来提问的关键词	
术语	释义
评价	决定事物的重要性。
计算	给出一个精确答案。
比较	给出两种问题的相似与差异。
定义	解释一个术语的意思,对概念做出精确的描述。
描述	描述一个事物,不需要具体解释。
讨论	针对一个争论提出具体的观点。
区分	弄清相似术语之间的区别。
评估	鉴定事物的价值。
检查	仔细检阅。
解释	给出事物的前因后果。不能只是简单描述,需要给出具体的解释。
图解	用事例、图片来解释说明。
提纲	列出一个观点的主要特征。
到达何种程度	对不同观点给出合理评价。
是什么	对问题给出清晰说明的指令。
为什么	解释事物存在的理由。

写作注意事项	
该做	不该做
在文章开头段和结尾段陈述自己的主要观点。	把最重要的观点放在中间段。
回答给出的问题。	忽略关键词。
思考问题的答案。	没有计划提笔就写。
分析问题。	第一段中观点太多。
解释关键术语。	罗列观点。
按逻辑顺序写出段落。	忽视问题的整体性。
加入引言。	文章中出现俚语、缩写、攻击性或口语化的语言。
完整地论述观点。	结论中包含太多观点。
针对问题得出结论。	使用第一人称。
在合适的地方使用例子和图表。	
书写清晰。	
确保每个句子完整、准确。	
能够辨别哪些观点切合主题，哪些与主题无关。	

增强记忆力的游戏和活动	
年龄（2~4岁）	■ 通过记忆游戏学习字母、单词；回忆下一步该做什么，如何打包，如何做准备工作。生活中处处有机会来测试和提高记忆力。 ■ 和孩子讨论他们熟知话题的主要特征，如夏天、瀑布、鸭子。

续表

增强记忆力的游戏和活动	
年龄（2~4岁）	<ul><li>玩捉迷藏。</li><li>用玩具电话练习拨电话、打电话。</li><li>玩木头积木。</li><li>在玩具厨房里做饭、洗碗。</li><li>使用泡沫拼图。</li><li>唱歌、读押韵诗和故事。</li><li>听《芝麻街》等电视节目。</li><li>读苏斯博士的书。</li><li>玩配对游戏和纸牌游戏。</li><li>玩洋娃娃的房子。</li><li>猜物品在哪只手里，在哪个杯子下面。</li><li>对形状进行分类。</li><li>背诵和吟唱童谣。</li></ul>
年龄（5~7岁）	<ul><li>玩需要专注和记忆的纸牌游戏。</li><li>玩间谍游戏。</li><li>通过重复关键的想法来增强记忆。</li><li>帮助幼儿学习如何集中注意力。</li><li>使用视觉提示来记忆。</li><li>玩橡皮泥。</li><li>听音乐。</li><li>凭记忆作画。</li><li>学习和自编押韵的话。</li></ul>

续表

	增强记忆力的游戏和活动
年龄（5~7岁）	■ 制作和追踪路线图。 ■ 收集运动卡片。 ■ 做折纸。 ■ 练习拼写和数数。 ■ 记住盘子里的物品。 ■ 学习一门外语。
年龄（8~11岁）	■ 帮助孩子厘清思路，学会做笔记；制定一套制度。 ■ 学会抓住主要观点的技能。 ■ 使用摘要卡片。 ■ 教孩子路径法。 ■ 教孩子培哥法。 ■ 学习打油诗、韵律和诗歌。 ■ 绘制地图。 ■ 走迷宫。 ■ 做填字游戏。 ■ 使用奎逊纳棒。 ■ 参加合唱团。 ■ 制作大事件时间表。 ■ 用羊毛制作地图，将地点、事件和时间联系起来。 ■ 多数学校都有一套体系来评价学生的学习水平。这套体系也是获得高分的标准。试着了解这些标准，看是否能帮助孩子提高成绩。

续表

增强记忆力的游戏和活动
年龄（12~18岁）

- 强调制订学习计划对提升记忆力的重要性。
- 和孩子一起阅读本章中讲到的复习方法和提高记忆力的办法，每周挤出一些时间进行实际训练。
- 练习魔术和纸牌戏法。
- 使用路径法。
- 凭记忆背诵。
- 学会表演一个剧中角色。
- 概述一些报刊文章。
- 练习做笔记。
- 画画。
- 学习杂耍。
- 帮助孩子学习本章中列出来的考试术语和学习系统。
- 继续使用评估标准。
- 找到往年的考试试题进行训练。
- 学习演奏或歌唱乐曲。
- 记住电影中有趣的场景。

第十三章
通过练习提升能力

> 我是这样看待成功着陆这件事的：42年来，我一直在这家"体验银行"存入小额存款，即教育和培训。到1月15日已有足够的余额，所以我能够提取一大笔财富。
>
> ——切斯利·"萨利"·萨伦伯格机长
>
> 全美航空1549号班机飞行员，在飞机失去动力后将飞机安全地降落在哈德逊河上。

之所以称为练习，是因为练习不需要做到完美。大部分天才花大量时间来练习技能，然后才会有杰出的表现。米开朗琪罗之所以成为米开朗琪罗，是因为他付出了常人难以想象的努力。

练习可以带来成功。几乎每个人都能通过练习来提升自己的表现。天才总是满怀激情地进行训练，以提升他们的技能和能力。

如果父母强迫孩子练习，孩子可能会成功，但他们最终会因为长期经历的痛苦而变得怨天尤人。网球运动员安德烈·阿加西被父母强迫加入一个训练营,尽管他成功了,却最终无力抵挡毒品的诱惑和极度的疲劳。只有当安德烈自己对比赛充满热情时,他才能称得上是真正伟大的运动员。

我们将阿加西和史上最伟大的板球手唐纳德·布莱德曼进行比较。尽管从表面上看,布莱德曼的家人没有给他很多的引导,但他自己会把球投到水箱上,等球反弹回来就用棒子打回去,一连几个小时不停地练习。这种训练比用球棒击打板球更困难。

当代最伟大的拳击手穆罕默德·阿里停赛复出后的表现比之前更出色。他把激情当作信仰,每周花6天时间进行繁重的训练,只有周日才会休息。

艺术家、音乐家和作家都会制定近似刻板的练习方法。J·K·罗琳"哈利·波特系列"的第一本《哈利·波特与魔法石》是在咖啡馆完成的。哲学家让·保罗·萨特每天早晚都会各工作3小时。胡安·米罗每天从早上7点至中午一直在进行艺术创作,然后去练拳击,下午3点至8点继续绘画。亨利·米勒的大部分作品是在早上写的。喝完一杯用不多不少60粒咖啡豆研磨的咖啡后,贝多芬从黎明到下午3点一直在谱曲。作家村上春树总是凌晨4点起床,一连工作五六个小时进行小说创作。

下面这些人程式化的工作方式可能更加离奇:席勒的桌子上摆满烂苹果,普鲁斯特在一间有软木贴面的房间工作,塞缪尔·约翰逊博士的身边总是有一只咕噜咕噜叫的猫、一些橘皮和茶叶。

正如本书所讨论的一样,天才们发展出的机制使他们能在不需要做决定的情况下激发热情。

当然，你的孩子不大可能在练习时找你要一张摆满烂苹果的桌子和一只咕噜咕噜叫的猫。尽管如此，考虑一些特别的训练模式，最大限度地提升孩子的学习技能，也是一个不错的主意。

这不是要让孩子用一种严格的技能培训法来练习，而是帮助他们在掌握自己所热衷领域的知识时，获得乐趣和成就感。

■ 使用你的镜像神经元

在我们前额皮质的后部，有一些非常特别的脑细胞，叫作镜像神经元。这些镜像神经元在我们观察别人做有意为之的活动时被激活，并且帮助我们理解如何从模仿和角色示范中学习。

我们通过观察成功人士的行为来学习。最重要的一些学习行为是在只观看而什么都不做的情况下发生的。

对你来说，这意味着要找出一种方法向你的孩子介绍他们感兴趣的领域中最厉害的人。只需通过观察大师们工作就可以收获不少。看乔丹打篮球，看珍妮·古道尔与山地大猩猩互动，听霍金谈论物理学，听世界上最狂热的集邮爱好者讨论她的藏品，尽量让孩子接触各个领域的佼佼者。

向那些成就非凡的人物学习有两种主要的方式。一种是惊叹于伟人的天赋和才能，并且认为他们的能力超越了凡人，也超越了你的孩子，但这种学习方式只会产生消极作用。而另一种积极的学习方式是在赞叹他们取得的伟大成就时，强调他们为此所付出的努力和投入的时间。

■ 刻意练习

并非只要练习，就能产生天才。

刻意练习首先要确定需要提升的领域，并有目的地进行练习。我们中的很多人都会陷入一个怪圈——练习自己擅长的事。这样做让人感觉良好，因为我们能获得成就感。但是，如果我们真的想在某方面提升，就需要找到我们不太擅长的领域，并专注于开发这些领域。

再看看我们大脑里的艾伯特和雷克斯。我们的雷克斯不仅想要过轻松的生活，而且非常容易分心。这就是人们通过拖延来逃避做他们认为困难或有挑战性的事情的原因。推迟到晚点再做看上去更容易些，但问题在于合适的时间永远不会出现。

对你来说，这意味着既要帮助孩子专注于他们的优势，也要确定他们想提升的几个领域。由于孩子总是想要表现好，这种想法带来的压力妨碍了孩子去尝试新事物。你可以把这称为试验性练习。这样的话，孩子就可以努力挑战各种困难，而不必觉得每次非成功不可。

试着鼓励孩子把练习当作一项挑战，看他们到底能提升多少。

■ 目标越小越容易实现

通常，当孩子为自己设立的目标太大时，他们会停滞不前甚至选择放弃。他们的注意力从当下能做到的事转移到了长远的目标上。

当我们过度关注结果时，我们要么十分紧张，要么感到窒息。我们的焦点从我们能做的事情转移到将要做的事情上。从本质上说，我们无论做什么，都没那么专注了。我们也变得更挑剔，而对眼下正在做的事不那么认真。

为了避免这种情况，父母应该帮助孩子找到他们想实现的小目标。相比一蹴而就，小目标很可能带来更大、更长远的进步。

■ 重复

反复将一件事做好往往比做很多事却一件也做不好要强。记住，人类要重复24次才能掌握一项技能的80%。重复能让技能更熟练，并促进大脑连接点（即突触）的发展。

牢记重复的作用。我们每天花一点点时间不断练习某项技能，比每周长时间练习一两次的效果要好得多。

■ 间隔性重复效果更好

间隔性重复对学习也有积极的影响。学习者应在较短时间内重温分布在较长时段里的信息，而不是用大块时间专注于学习相同的材料。

间隔性重复会给人留下印象深刻的结果。2007年在加州大学圣地亚哥分校完成的一项研究表明，八年级历史专业学生用间隔性记忆法，其记忆保存率几乎是连续学习、记忆同样内容的学生的两倍。

这项研究表明，学生重温信息的次数越多，理解和记住这些信息的可能性就越大。

■ 信息混合和交错

将多项任务合并在一起也有益处。孩子们在练习不同的技能时，将任务合并或交错进行，能大大提高效率。例如，你可以让孩子做一套减法题后穿插阅读和写作，然后再做一些加法题。

《应用认知心理学》杂志刊登的研究要求四年级学生解答4种不同的数学题，然后参加评估学习成果的测试。结果，做综合题学生的分数是只做数学题学生分数的两倍多。

学习要有环境。在不同的环境中间隔性地重复同样的数学题能取得更好的成绩。在一系列不同环境中间隔性地重复特定的技能也有益处，就像足球运动员会从不同的角度射门一样。

在不同的环境中把相同的概念重复5次，比重温5种不同的概念要有效。

■ 跳跃性思维

研究还表明，从一个学习领域转到不同的领域时，我们学得最快。例如，如果你先上化学课，然后上物理课，从两堂课中获得的技能会发生冲突，进步不大。相反，如果你能将学习内容综合在一起，先学英语后学数学，接下来是艺术和科学，每一门课都教会你独特的技能，学习效果会得到改善。孩子们可以用这种思维方式制订自己的学习计划。

■ 自我解释

练习还能帮助我们在大脑中将需要做的事情进行排序。

孩子如果能阐述在解答学术问题时所涉及的步骤，他们就能取得更好的学术成就。他们会逐渐学会在大脑中重现解决问题的步骤。

例如，阐述"首先我要做……接下来我要做……然后我能做……"的步骤利用了最强的大脑功能——模式化知识。这一方法也适用于学习新的运动技能。

请孩子概述解决问题的过程。记住，向别人解释的过程既能培养推理技能又能厘清思绪。另外，解释或推断出答题的过程，能让你更专注于眼前的事，因此更利于进步。

■ 适合家长的弹性指导

强迫不奏效，但鼓励可以。父母不断指出孩子的错误是没用的，父母对孩子做出的每次尝试都唠唠叨叨也是没用的。

相反，你可以引导孩子去分析，帮助孩子练习他们想提升的领域。

和孩子的对话分几步：

1. 将任务分解成小部分，如学校里几周内要交的各项作业，也可能是音乐作品或他们正在学习的一门外语。

2. 请孩子对每一部分任务的信心水平打分。你可以要求他们用 10 以内的数字来评价自己，0 代表完全不及格，10 相当于精通。孩子的评分准确度会因人而异，但你只管接受。

3. 问他们接下来要多少分才能提升至他们想达到的级别。以增加大约 2 分为目标。如果孩子给他们的拼写技能打 5 分，你可以和他们探讨一下得 7 分会怎样。请他们描述目前的得分与再加几分之间的区别。

"你说你目前的拼写是 5 分，但你想拿 7 分。告诉我，如果你拿了 7 分，你认为自己能做什么？"

如果孩子给自己打 2 分，但想拿 10 分，则需要建议他们慢慢来，并将提升练习分几步走。例如："好，你想拿 10 分。那在接下来的几周里，我们把目标设为 4 分怎么样？"

如果孩子给自己打 10 分，就对他们说："好，我们来看看满分 10 分的情况下，拿到 12 分是什么水平。"

4. 一旦孩子大致讲述了目前的表现与提高 2 分再上一个级别之间的区别，请他们留意什么时候会实现。如果孩子说："嗯，如果我拿到再上一个级别的 2 分，我就能拼出更复杂的词，例如 hippopotamus（河马）和 Mississippi（密西西比）。"这时候父母可以说："好的，什么时候你正确地拼写出了那些词，请告诉我。"

正如提摩西·加尔韦的发现一样，引导人的意识远比讲激励的话或给予有关如何提升的指导更有力量。（详见第八章中的指导方法。）

5. 你可以把这个问题放在一边，积极地评价孩子在提高方面所做的努力，或者，你也可以问他："你能想出一个既能练习难题又能练习简单题的系统吗？"例如，在学习一首乐曲时，他可将演奏分为几部分，给每部分打分，然后多花些时间练习较难的部分。

如果孩子想学好数学，你可以让他们对加法、减法、除法和乘法的信心水平评分，然后在他们不太擅长的方面花更多的时间练习。

■ 练习有助于学业成功

在参加重大考试和测评时，几乎人人都会有压力。就连练习题做得好、成绩优秀的学生也会担心自己在测试时可能发挥失常。

孩子在学校面临的最大障碍不是他们的智力水平。孩子的智商都很高，他们最大的障碍是焦虑，而减轻焦虑最好的方法就是常规练习。

在数学考试开始前花 10 分钟写下各种担忧的学生，成绩比那些干坐着不做任何事情的学生要高出约 15%。

记住，焦虑会提高皮质醇的水平，导致记忆和语言处理能力失效。同一道数学题，横式比竖式似乎更依赖大脑的语言处理能力。

$$10-5=5 \quad 与 \quad \begin{array}{r} 10 \\ -5 \\ \hline 5 \end{array}$$

如果一个焦虑的孩子难以理解第一个例子（10-5=5）——被大脑当作句子处理，因而会更受焦虑的影响，那就告诉孩子用竖式解那道题。纵向呈现的数学题需要更多的空间推理，因而不会过于受皮质醇激增的影响。

孩子自身对焦虑的理解也会影响他们的表现。紧张和焦虑感通常有助于我们应对挑战。如果孩子能将身体的反应理解为行动的信号，而不是愚蠢的表现，他们会做得更好。

如何帮助焦虑的孩子练习新事物

- 再次肯定他们的自我价值—提醒他们认识到自身的能力，他们比自己想象的要聪明得多。
- 帮助他们告别恐惧。首先帮助孩子承认他们所担心的事情，然后把担心说出来。比如可以这样说："我担心这次考试，因为我觉得会很难。"
- 感谢脑海里冒出来的那些担心和忧虑，因为正是它们让孩子准备充分，做得更好。
- 告诉孩子放下各种担心和忧虑—不要费脑力来和它们纠缠。
- 将压力转化为动力——建议孩子与其担心，不如加紧练习。
- 涂鸦——如果孩子想不通，建议他们乱涂乱画一通。他们的大脑比他们想象的更聪明。
- 让孩子在压力下练习—把练习题当作测试材料。

- 将记忆力一分为几——制作录音、海报、闪卡或摘要卡片(见第十一章),或运用BASE法、路径法(见第十二章)等记忆方法。找到帮助他们整理知识的方法(见第十一章)。

	以积极的方式来练习
年龄（2~4岁）	■ 制定家庭策略：练习得越多，就能做得越好。试着在多次尝试中把事情做对，比第一次就做对了但并非真正知道怎么做对的更好。 ■ 报名参加早教课。 ■ 随着音乐跳舞。 ■ 开始上语言课。 ■ 学习字母表、字母发音。 ■ 朗读。 ■ 按顺时针、逆时针两个方向画圆圈。 ■ 教字母——从辅音开始，如"cat"的开头是"c"，"snow"的开头是"s"。 ■ 大声读给他们听，如各种标志、麦片盒上的文字。让他们沉浸在自然的语言学习中。
年龄（5~7岁）	■ 告诉孩子，练习是尝试攻克难题——没人期望你做到完美。 ■ 利用镜像神经元，如让孩子看到你正在尝试和练习新事物。 ■ 进行体操训练。 ■ 骑自行车。 ■ 报芭蕾舞训练班。

续表

	以积极的方式来练习
年龄（5~7岁）	■ 练习游泳和潜水。 ■ 翻筋斗。 ■ 玩蛇梯棋。 ■ 把有磁铁的字母贴在冰箱上，让孩子自由组词和组句。 ■ 数到100。 ■ 练习数2、5、10的倍数。
年龄（8~11岁）	■ 不要让孩子觉得成人不需要学习和练习。 ■ 跟孩子聊聊每个领域的杰出人物为提升技能而付出的努力。 ■ 鼓励孩子尝试高难度投篮、拼写复杂的词、练习一些他们从未成功过的事——挑战难题并取得成功会带来巨大的成就感。 ■ 将平时的训练变成挑战自我的游戏。 ■ 玩迷你高尔夫球。 ■ 打保龄球。 ■ 练习平衡木。 ■ 骑马。 ■ 做面具。 ■ 举行纸飞机比赛。 ■ 打乒乓球。 ■ 用纽扣做艺术品。 ■ 报戏剧班或在家演戏剧。

续表

	以积极的方式来练习
年龄（12~18岁）	■ 告诉青少年重复和将科目混合学习在提升练习中的作用。 ■ 让他们向你解释某个过程（这样他们也能学习自己解释）。 ■ 在孩子童年时期运用的弹性指导法在他们青春期会派上大用场；天才往往是在准备好之前就出现了。 ■ 打网球。 ■ 冲浪。 ■ 带他们去公园玩滑板。 ■ 扮演僵尸、吸血鬼或海盗。

第十四章
激活天才大脑

> 我给你买了金枪鱼三明治,据说这是大脑的营养品。我想是因为里面有很多海豚,你知道海豚有多聪明。
>
> ——玛姬·辛普森

想让孩子内在的聪慧天资繁荣生长,父母需要给他们提供最适宜的条件,其中之一就是食物。天才的大脑需要最高辛烷值的燃料,才能发挥到最佳状态。

培育天才大脑有两个关键阶段,即发育期和突触形成期(脑细胞之间互相连接)。

下页的图表总结了能促进突触形成、丰富的活动。

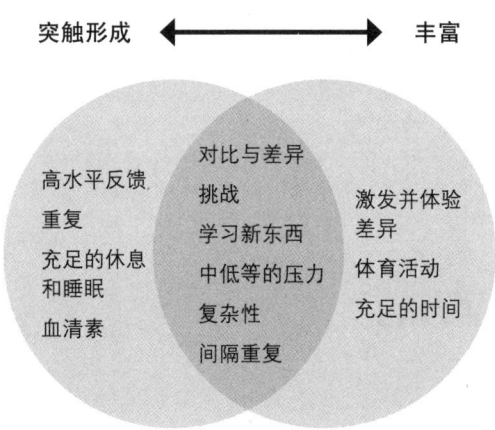

上图左边的要素促进突触的形成,右边的则为促进它们丰富的因素,中间列举的因素能促进突触的形成,并滋养其生长。我们从众多研究中了解到,在积极、健康的环境中长大的孩子比那些在没有任何激励、游戏或新奇环境中长大的孩子要合群得多、聪明得多。

我希望前面那些章节中的内容已经给了你一些启示,希望开启天赋的那些方法能够用在你孩子身上。现在,让我们再补充一些能为孩子营造良好环境的内容。

■ 令人陶醉的香气

你有没有去过某个地方,闻到某种特殊的芳香味,从而勾起自己一系列的回忆?如果是这样的话,你就能明白,学习、香味、记忆是相互关联的。人的嗅觉神经在人体内发育得很早,并与海马体(又名海马回、海马区、大脑海马。海马体位于大脑丘脑和内侧颞叶之间,属于边缘系统的一部分，主要负责长时记忆的存储转换和定向等功能——译者）连接，记忆力在那里整合。

类似柠檬和薄荷等的香味会增强人的专注力，促进身心放松。

提神	放松
柠檬	薰衣草
肉桂	橘子
薄荷	玫瑰
紫苏	洋甘菊
迷迭香	

芳香气味影响淋巴。大脑的淋巴主要负责"进攻—撤退"。一旦检测到威胁，它会立刻采取行动拯救我们。淋巴也是一种强大的单一尝试学习机制。例如，你刚把手放到滚烫的炉子表面，淋巴就会向你提出警告。

淋巴还能调节情绪，如愤怒、恐惧、攻击等。研究表明，淋巴对令人舒服的芳香味有强烈的反应。

■ 均衡、健康的饮食

本节提出的建议具有普遍性。如果你不确定是否能把这些建议直接用在自己的孩子身上，请咨询营养学家或专业的健康医生。

均衡、健康的饮食对孩子在学校和生活中的表现有很大的影响。饮食会极大地影响情绪和能量水平。

鼓励孩子多喝水

※

大脑运行靠的是水、葡萄糖和氧气。儿童每天应该饮用6~8杯水，但是软饮料绝对不能算在其中。

含糖饮料给人有害的刺激。首先，它们会让你生病。仅仅两杯软饮料（含75克葡萄糖）就会导致被称为异前列腺素的不饱和脂肪酸自由基的生成率在饮用后的90分钟内上升34%。

另外，含糖饮料让人感到紧张。耶鲁大学做了一项研究，让25名健康儿童饮用含糖量相同的饮料，结果发现，5个小时后，孩子们的肾上腺素比正常水平高出了五倍多。

低糖饮料中可能含有大量的咖啡因、山梨醇和阿斯巴甜，它们会带来副作用，导致注意力不集中、焦虑感增强。

确保孩子们每天少吃多餐，而不是少餐多食。高蛋白-低碳水化合物食物有利于增强注意力。鸡蛋饼比面包健康，而且任何食物都比炸薯条好。火鸡肉、鱼肉、坚果和酸奶中含有人体有利的蛋白质。

食用高血糖指数的碳水化合物（精制糖、精制谷类）导致身体摄入过量葡萄糖——短期内它们会带来平静的感觉，而后糖的激增会引起内分泌紊乱。教师经常谈论学生的行为问题和上课注意力不集中之间的关系，结果发现导致上述问题的原因要么是没吃早餐，要么是吃了含糖的早餐。

上午不宜食用甜甜圈、能量饮料、汉堡、面包卷等含糖食物。下午孩子们精力充沛时可以吃这些东西。早餐应吃高纤维、蛋白质类食物。含钙的高碳水化合物食物有助于儿童保持安静。

只要在医学上是安全的，多摄入蛋白质不仅可以提高学习效率，还可以调节情绪。

大脑中脂肪的含量是60%，在鱼类和鱼油中发现的 ω-3 脂肪酸能最有效地促进大脑功能。鱼和蛋是"补脑食物"，虽说是老生常谈，但不无道理。对于那些没法吞下药片的孩子来说，奇亚籽（芡欧鼠尾草的种子）是不错的补脑食物，可在酸奶或冰沙里放一些。

帮助释放酪氨酸、胆碱和苯丙氨酸（与思考和记忆相关的神经递质）的食物包括牛奶、坚果、香蕉、种子、大米和燕麦。

■ 神经营养

不要总是在感到不舒服的时候就去找药箱。要坚信适当的运动、充足的睡眠、合理的饮食可以为你和你的孩子带来健康。

改善心情、睡眠和有助于镇定的食物

这类食物含有较高的氨基酸——L-色氨酸。L-色氨酸在你的大脑中合成血清素，这是人类已知的最强的抗抑郁药。血清素是大脑的天然抗抑郁剂，它可以由色氨酸合成。色氨酸是一种氨基酸，存在于火鸡肉、鸡蛋、

牛肉和奶酪等食物中，这些都是高蛋白食品。L-色氨酸首先转化为5-羟色胺(5-羟基色氨酸)，然后转化为血清素。阻碍血清素合成的物质包括酒精、咖啡因和人工甜味剂。

色氨酸还能使你感觉更甜美、更平静，帮助你睡得更好。富含L-色氨酸的食物包括：

- 杏仁
- 松软干酪
- 瘦牛肉
- 奶
- ω-3脂肪酸
- 南瓜子
- 火鸡肉
- 全麦粉

提升快乐感、注意力和动力的食物

L-酪氨酸是一种在大脑中合成多巴胺的氨基酸。多巴胺是一种与动机和注意力有关的神经化学物质，让你觉得打足了气，随时能动起来。

儿茶酚胺-多巴胺、去甲肾上腺素和肾上腺素给我们的大脑和身体带来活力。如果儿茶酚胺太少，我们就会遇到注意力和能动力的问题。L-酪氨酸是儿茶酚胺的提升机，在牛肉、鱼肉、鸡肉和鸡蛋中都有。当然，素食者会有点为难：100克鸡胸肉含有900毫克L-酪氨酸，素食者必须吃144个杏仁才能达到同样的效果。

富含L-酪氨酸的食物包括：

- 鸡肉
- 奶制品
- 鱼肉
- 鲜奶
- 燕麦
- 酸奶

如果你没有活力,那就什么都干不了

给孩子提供富含 L- 苯丙氨酸的食物,让他们精力充沛。这种氨基酸能合成去甲肾上腺素和多巴胺。拥有较多的神经化学物质不仅能帮助他们起床和出门,而且对他们的记忆力也有好处。富含 L- 苯丙氨酸的食物包括:

- 鸡肉
- 干果
- 青豆
- 芝麻
- 鲜奶
- 酸奶

保持阳光的一面

L- 谷氨酰胺含量高的食物能减少烦躁不安和紧张的情绪。L- 谷氨酰胺在大脑中合成 γ- 氨基丁酸。富含 L- 谷氨酰胺的食物包括:

- 鳄梨
- 桃
- 蛋
- 豌豆
- 燕麦卷
- 葵花籽
- 葡萄汁

帮助大脑学习

胆碱在大脑中合成乙酰胆碱。当你学新东西时,大脑在脑细胞之间形成了新的联系或回路。这些新的连接利用乙酰胆碱形成,然后被多巴胺强化。

乙酰胆碱不仅能帮助我们学习，还能保护我们的细胞和记忆。富含乙醇胆碱的食物包括：

- 杏仁
- 蛋黄
- 牛肉
- 绿豆
- 牛肝
- 豆腐
- 花菜

■ 平衡学习与兼职

有的中学生有兼职工作。每周工作时间超过 11 个小时的学生，学业成绩严重下降。但是，适当做一点兼职工作反而能提高成绩。

■ 灯光与情绪

男孩通常喜欢把灯光调暗或者干脆把灯关掉。这就是男人喜欢棚屋和五金店的原因。

让孩子们安静地坐在光线柔和的环境中，可以提高长时记忆的储存能力。

学习时，自然光或间接照明（如台灯）是最适宜的。不要在荧光灯下学习。用全光谱而非荧光灯照明的学校，学生一般很少缺课。荧光灯的光照会提高血液中的皮质醇水平，从而抑制孩子们的免疫系统。

灯光也会影响我们的情绪。季节性情绪失调或冬季忧郁与光线不足有关。自然光的光照范围从阴天 2000 勒克斯（光照度单位）到晴天 100000 勒克斯。如果你大多数时间在室内，你只能得到大约 100 勒克斯光照度。有证据表明白天明亮的光照可以改善心情。

■ 运动与锻炼

我们有充分的理由出去走走。如果天气冷，就买件外套。

运动会给大脑带来更多的氧和血液。据估计，仅仅站着就能使脑部的血液流量增加 20%。一些研究表明，男孩站着学习时效果最好。

锻炼对大脑有好处。短暂的剧烈有氧运动（60 秒），对学生有非常多的益处。运动还能增强肌肉的弹性。

■ 音乐

音乐对情绪、学习和分析都有很大的影响。一些研究认为莫扎特的音乐能促进智力水平的提高。听 10 分钟莫扎特的《D 大调双钢琴奏鸣曲》会提高孩子在抽象和空间推理方面的考试成绩。

听音乐可以改变大脑的组织结构。4 岁儿童每天听 1 小时古典音乐，脑电图显示他们的大脑更有连贯性，有更多的时间处在 α 波（能产生放松意识的状态）。

总的来说，研究特定类型的音乐在提高学习成绩方面的作用（如莫扎特效应）已经有些夸大。但播放你喜欢的音乐，在家里营造一种氛围还是可以的。

孩子在学习的时候，可以放一些乐器或歌词不清晰的音乐。太阳马戏团的音乐就是一个不错的选择。

学习演奏一门乐器也是有益的。例如，弹钢琴可以提高空间意识和提前思考的能力。学习音乐也能增强听力和记忆力。

试着让孩子选择他们能够成功把握的乐器。例如，单簧管、钢琴和高级吉他都需要精细运动技巧，而鼓、小号和钹则需要大运动技巧。

父母可以帮助孩子列一个表，不同的歌曲对应不同的情绪，如令人兴奋的歌曲、充满活力的歌曲、能让人安静下来的歌曲。

■ 第二语言

多学习一门语言可以改变人的大脑。3~7岁的儿童有学习语言的天赋。8岁以后，语言学习能力会下降。

我该让孩子在学校跳级吗?

※

关于这个问题,众说纷纭。当然,有研究表明,提高孩子的年级水平能提高他们的学习成绩,对此项研究结果有人赞成,也有人反对。你可以考虑分步加速。如果你的孩子在数学方面的成绩远远高于平均水平,就可以让他和年龄较大的学生一起听数学课。去那些能为优秀学生提供灵活学习环境的学校就读,并且始终相信自己对孩子的了解。你最了解你的孩子,也最适合决定对他们最有利的学习环境。

然而,真正到了实际生活中,问题可没这么简单。你可能需要问自己下面两个问题:

- 孩子在学习上取得的成绩是否值得我们冒险让一个14岁的孩子表现得像一个16岁的孩子?
- 还有其他办法让孩子在学习上实现飞跃吗?

为了回答这些问题,父母不仅需要激发孩子的天才头脑,而且要为他们制定一些日常规定,以帮助他们日后走向成功。

孩子大脑的最好养护法	
年龄（2~4岁）	■ 多给孩子信息反馈。 ■ 鼓励孩子玩游戏和进行探索发现。 ■ 给孩子读书。 ■ 玩数数和数字游戏。 ■ 鼓励双语学习。
年龄（5~7岁）	■ 鼓励孩子参加体育锻炼和运动。 ■ 让孩子养成良好的早餐习惯。 ■ 给孩子读书，和他们一起阅读。 ■ 培养对大脑有益的健康饮食习惯。 ■ 进行有氧运动和脑力活动。 ■ 学习乐器演奏。
年龄（8~11岁）	■ 保持良好的睡眠习惯。 ■ 通过分享处事经验，帮助孩子看待复杂的问题。 ■ 鼓励孩子参加剧场活动，作为让他们参与阅读的一种方式。 ■ 每天看电视和各种电子屏幕的时间不超过2小时。 ■ 学习第二门语言。 ■ 演奏乐器。 ■ 参加合唱团。 ■ 养成良好的睡眠习惯。 ■ 经常锻炼。

续表

	孩子大脑的最好养护法
年龄（12~18岁）	■ 不饮用含糖和咖啡因的饮料。 ■ 不断鼓励他们挑战自我。 ■ 鼓励年龄大一些的青少年多兼职。 ■ 将看电视和电子屏幕的时间减至最少。 ■ 保持活力——经常锻炼。 ■ 养成良好的放松和睡眠习惯。 ■ 保证卧室里不放电子产品。

第十五章
形成家庭惯例

我们身处一个 24 小时不停运作的世界,生活在这个世界的人们会有如下表现:出现幻觉、精神涣散、娱乐过度、网络社交过度、情绪亢奋以及睡眠严重不足。大多数孩子并不清楚人们会在一天中的某一特定时间工作效率达到最高。

因此,想要开启孩子的天赋,父母需要考虑建立家庭常规来帮助孩子的大脑发挥到极致。

让我们开启美好的一天吧!

 黎明前……

现在是凌晨 3:00,你和你的孩子应该都已熟睡。此时,你的体温处于最低水平。即使你只是在打盹,你的大脑仍有 80% 被激活。它忙于巩固记忆、补充蛋白质、修复受损细胞、强化突触。很快你就会做梦,人一生大概会做 20 万个梦。如果你是一个女人,你更有可

能做一场噩梦。异相睡眠（快速眼动睡眠）也称为梦眠，对巩固记忆十分重要。

睡眠不足真的很难让人一整天保持心情愉悦。如果你的睡眠时间少于 6 小时，就相当于你的血液中酒精浓度是 5%。

一周睡眠不足相当于连续 24 小时处于清醒状态。睡眠不足会损害身体调节血糖的能力，这意味着你衰老的速度更快，体重也会增加。如果你睡眠不足，你会经常感到饥饿，同时渴望摄取碳水化合物。

凌晨 3:00—4:00 是夜间的高峰期——这段时间最容易在工作中出错，出现交通事故，同时也是心脏病和胃溃疡的高发期。

 起床

人清晨醒来会心跳加速、血压升高及血液中皮质醇的含量达到最高，所以不要过早起床。确保孩子早上 7:00 前起床即可。

人在醒来后的前半小时状态不会太好，所以这段时间不适合做重大决定。鼓励孩子洗个热水澡，之后可以做一些伸展运动以及锻炼平衡和精准的精细运动，太极是最佳选择。（上午适合射击、做外科手术，下午适合游泳、跑步。）

 早餐

早餐需要高蛋白和低碳水化合物的食物，以此来提高孩子的情绪和注意力——一杯浆果蛋白奶昔、一个煎蛋卷和一杯牛奶。避免早餐食用果汁和松饼,远离能量饮料。可以给孩子选择一款质量好的复合维生素和至少 1000 毫克的鱼油或磷虾油。

早上 8:00,人体内的血小板更丰富、更黏稠。这是剃须的最佳时机,此时睾酮素水平最高。

对于那些喝咖啡的青少年来说,他们一天最多只能喝两杯。咖啡因会与腺苷受体结合,而腺苷是一种对清醒状态很重要的天然化学物质。所以白天最好用绿茶代替咖啡。

一天中,女孩的体温会从凌晨的 36.1°C 上升到 36.8°C 左右,男孩会升到 36.7°C。孩子保持警惕时,体温通常会升高。

给孩子准备一些水或早上没喝完的奶昔、几把杏仁、一个火鸡沙拉卷作为午餐。千万不要忘记带水瓶。孩子的大脑需要补充水分。

 清晨

该集中注意力了!孩子早间比下午更容易分心。所以尽可能减少干扰,别让他们在这一时间同时做几件事。

我们同一时间做两件事的结果是既完不成任务也学不到知识。多任务意味着多花一半的时间来完成任务,而且还可能带来危险:一边开车一边拿着手机讲话会让事故的发生率增加 1.3 倍;而开车途中拨号和发短信则会使风险增加 3 倍。

每天适度增加一些简单的锻炼,比如爬楼梯。下楼梯类似于快走;

上楼梯则等同于跑步。适度的锻炼可以让孩子精力更充沛。

起床后的 2.5~4 小时，孩子的注意力最为集中。这期间适宜让他们学习、吸收新知识。

上午 11∶00 左右是大多数青少年学习的最佳时间。幼童对于早上开始的第一件事较为专注，而青少年的注意力在接近午间时达到顶峰。

午前也是学习新运动技能的最好时间，如舞蹈、艺术、网球或高尔夫球。

 ## 午间

午餐是一天中最重要的一餐。尽量按照地中海国家的午餐食谱——全谷物、鱼、火鸡、坚果、豆类、橄榄油、水果和蔬菜。鼓励孩子饭后静坐 5 分钟，然后再散步 15 分钟。

尽量让孩子养成规律的进餐时间，因为饮食会影响生物钟。

身体正常运作会消耗掉我们吸收的 50%~70% 的能量——20% 的能量供应大脑，10% 供应心脏和肾脏，20% 供给肝脏，还有剩余 10% 的能量用来消化。

有条件的话，让孩子午间小睡 15~20 分钟，这将大大提高他们下午的学习效率。午间休息也是给孩子的大脑充电。丘吉尔曾说，中午打个盹儿，精神两整天。爱迪生、达·芬奇和美国总统约翰逊都有午睡的习惯。

下午

许多孩子在下午 2:30—3:30 状态不佳,这段时间最容易出错,学习效率也最低。因此,尽量不要让孩子在这个时间段里学习新知识或者讨论涉及事物间关系的问题。如果孩子必须接受详细的知识,最好让他们一边动一边学或者做好笔记。

下午适合给孩子吃点东西来提高情绪和补充能量,杏仁和苹果是不错的选择。一些孩子放学回家后情绪暴躁,因为雷克斯失控了。给他们吃点好吃的有助于缓解坏情绪。

下午 3:30—4:30——正好是孩子放学回家的时间——这段时间你一定要小心驾驶,此时段单一的交通事故十分常见(有点像凌晨 2:00—4:00)。

下午的血压会升高,但是去看牙医还不错。牙医的麻醉剂持续时间是早上的 3 倍。

 ## 傍晚

这是锻炼身体的最佳时间。身体通常在一天的傍晚处于最佳状态。相比早上,傍晚锻炼可以让肌肉力量增加 20%。心脏工作效率更高,反应时间最短,人体的核心体温达到最高。大多数运动记录都发生在下午 3:00 到晚上 8:00 之间。肝脏功能在下午 5:00—6:00 最好。

晚上

晚饭前20分钟保持平静。晚餐应该比中餐清淡,时间最好安排在孩子睡前3小时。夜间消化食物的时间要比中午长50%。饭后静坐5分钟再散步15分钟。

晚上应该是一天中最放松的时刻。给孩子洗个热水澡,睡前1小时将灯光调暗——打开台灯,给孩子喝点草药茶,安静地想想明天要做的事。人体的褪黑素水平在夜晚会上升。

如果孩子在学习新知识,最好让他们花20分钟听听主要内容。

给孩子规定上床睡觉的时间,保证他们一天有9.25小时的睡眠。别让他们在床上看电视、玩电脑游戏或者学习。记住正常的睡眠周期为90~120分钟,千万不要错过。

制定家庭作息时间表

- 7:00左右起床。
- 食用高蛋白低碳水化合物的早餐,喝牛奶。
- 白天多喝水,远离能量饮料。
- 幼童在上午的早些时候学习效果最好。
- 年龄大的儿童和青少年在上午11:00左右学习效果最佳。
- 午餐多食用色氨酸丰富的食物,像火鸡肉、瘦牛肉和杏仁等。

- 下午 2:30—3:30 是大脑疲乏期—这段时间适合看望朋友和进行体育锻炼。
- 享用一顿健康的下午点心，如苹果和杏仁。
- 晚上形成家庭惯例：调暗灯光，减少看电视和玩电脑游戏的时间，慢慢进入甜美梦乡。

第十六章
天才在于行动

> 如果你没有坐上某个职位，是因为你没有努力承担那份职责。
>
> ——克莱夫·詹姆斯

如果你的生活异于常人，你迟早会尝到苦头。很多人满足于让自己变得平凡，拥有简单的梦想，生活在想象的玻璃天花板下——认为自己原本平庸。

可是当你开启了孩子的天赋后，你会发现他们变得与众不同。他们会拥有不一样的思考方式，在喧闹的世界里依然专注于自己所热爱的事物，并且脑海里常常有各种奇思妙想。你的孩子不会甘愿成为被动接受者，他们要做发明家。

因为出众，他们可能会成为别人嫉妒的对象。人类总是喜欢嘲笑和轻视那些威胁到自己想法的人。

因此，父母有必要帮助孩子培养强大的道德罗盘。天才通常谦虚且耐心，不会表现得骄傲和急躁；同时，天才们更看重他们为人类世界做出贡献时收获的快乐。

为了实现上述目标，你需要帮助孩子按照星星的方向校准罗盘，而不是追随港口里的其他船只。教导他们树立崇高的理想，去发现自己和他人身上最好的一面。

人的品格是在无人关注状态下的所作所为及所思所想。这展现的是一个人的正直品性，即使没人注意，也要履行诺言，言行一致，做正确的事。

孩子从日常生活中学习。我们在家和学校给孩子的经历十分重要，因为这些经历会帮助塑造他们的大脑。

我们的价值观大多是在生活中形成，并非有意学会。通过观察身边的世界和模仿周围的行为，我们会逐渐塑造自己的道德罗盘。对父母来说，这意味着你们的善良、同情心、冒险精神及探索生活和思想的热情都会在孩子心里留下印记。

如果你不知道如何运用自己的天赋对世界做出积极贡献，那拥有天赋就变得毫无意义。本章节列出了孩子要对世界有所贡献需要具备的积极性格。很明显，讨人喜欢的性格，如诚实、正直和友善既是成为好人也是成为天才的条件。在我的另一本书《不好惹的青少年》中，我谈到了父母应该和孩子说的话。如果你想对这个问题有更详细的了解，可以读读这本书。

■ 专注力

我们生活在一个浮躁的年代，想让思维和对话不受干扰都变得困难。父母和老师可以引导孩子延长专注的时间。玩游戏、制作艺术品、交谈及所有需要花时间才能完成的活动都可以培养孩子的专注力。

在一个似乎要通过干扰或取悦雷克斯的方式来使之安静下来的世界，需要强大的精神力量和高度的专注力。就像史蒂夫·科维的至理名言所述，最重要的事，是保持重要的事情重要。

■ 思考力

质疑人们普遍接受的观念可能会陷入麻烦。但是，正是通过质疑现状，天才们才有了改变世界的冲动。

在吃晚餐的时候，试着和孩子聊聊："为什么它是这样的呢？为什么它不能是那样的呢？"这可以点燃创意思维的火焰，培养和滋润好奇心。作为父母，要随时准备好应对孩子那些还不够成熟的想法。和孩子交流，反复讨论他们的想法，直到天才的智慧之火闪现并发光。

教导孩子不要过早把所有的想法拿出来面对世人。一个有价值的想法在还没有完全成熟时，可能会招来人们的讥讽和嘲笑。因此，最好让孩子多在家里讨论这些问题，为孩子提供一个孵化器，以便他们用新的视角来看世界。

父母也可以向孩子介绍一种有趣的方法：把孩子的想法当作实验对象进行探讨。

在一个追求快捷、便利的时代，深思熟虑会让孩子脱颖而出。

■ 计划力

及时行乐成了现代很多人的价值观念。但是，只有懂得计划的人才能最终胜出。未来属于那些善于规划和创造的人。

教孩子学习制定计划，比较为实现目标所采用的不同方法之间的优劣，并且考虑行动可能产生的后果，这是一项了不起的技能。很多人并不这样做。相反，他们总是想到什么就做什么，如果行不通，他们就按照头脑里出现的下一个想法来行动。没有计划的生活会耗费大量精力在无意义的事情上。

计划可以培养目的性。告诉孩子方法和结果之间是有联系的，不道德和粗鲁的方法很难得到好结果。

目的性会带来确定感和明确的行动方向。天才们通常不会浪费很多时间。他们充满激情地追随自己的兴趣，总是朝着单一的、计划好的目标前进。

除此之外，大多数天才不会把他们做的事称为工作，他们会谈论在追求和发现某一理论或概念的过程中所感受到的乐趣。也许要很长时间以后，他们才可能会认为自己所做的事就是工作。

■ 决策力

天才们很少去走他人走过的路。他们自己探索，寻找前进的道路，到达新的目的地。当然，这种程度的探索会带来不确定感。前进的最好道路并不会清晰显现。

有时候我们需要表现得像猎犬一样：停下来，站着不动，竖起耳朵聆听，嗅嗅清风，寻找标记和线索。

当今世界对不确定性几乎是零容忍。在一个需要深入思考才能解决复杂问题的世界里，容忍模棱两可和怀疑是至关重要的。承认自己不懂比不懂装懂更重要。

就像作家菲茨杰拉德所说的一样：对一流智商的考验，就是脑子里同时装着两种相反的观点，却依然能保持继续运转的能力。

在经过一段时间的考虑后，我们需要做出最好的决定。有意识地做出决定的过程是如此罕见，以至于我们不会放弃那些被证明是无用的想法或行动。我们中的许多人会进入一个无休止的循环。

教你的孩子如何在当下做出最好的决定，在他们打算继续或停止做出下一个决定之前，先看看上一次的决定是否奏效。

■ 坚持力

在天才们创造新知识和技能的过程中，挫折是不可避免的。教导孩子努力扩展自己的世界将帮助他们突破目前理解、限制和知识上的边界。挫折来自努力，而努力定会成就一番事业。

焦虑的大部分原因是缺乏动力。让孩子明白，所有的人都会焦虑，但不是每个人都会被焦虑打倒，这一点非常关键。天才们掌控自己的学习，他们制定并遵守一些简单的习惯。当你年少的时候，可能没有人教给你这些，但是现在你可以教给你的孩子。

■ 积极和自信

在这个看重结果和排名的世界，父母只有足够坚定，才能把他们的精力放在评价孩子的努力而不是结果、过程而不是成果、成长而不是成就上。告诉你的孩子他们是天才，提醒你的孩子他们有能力做出伟大的事，然后着重于评价他们付出的努力。

把孩子从结果中解放出来，这使他们可以用自己的方式体验、增强和运用自己的天分。

从现在到你的孩子达到职业和能力巅峰的时间内，这个世界将会发生巨变。你既然无法预测将来被看重的能力是什么，现在就不要做评判了。你能够为孩子做的就是让孩子充满自信地在感兴趣的领域发展，以帮助他们激发潜能。父母可以通过对孩子的投入、努力以及表现出的兴趣发表正面评价，来帮助他们开发潜能。

■ 想象力和创造力

> 幽默感是跳着舞的常识。
>
> ——克莱夫·詹姆斯

这个世界说它重视创造力和想象力，但事实却不是如此。学校把目光集中于用来评估他们办学能力的领域——学生的计算能力和读写能力。看看你周围的成年人吧，他们有多少人会玩得很活跃呢？他们也许会参加运动、和人开玩笑打赌，或者是看足球比赛，但是他们中有谁是因为真正热爱呢？他们可能会相互竞争，但是很少有人能真正从中体会到玩的快乐。

考虑一下在孩子面前玩耍，让他们理解玩的重要性。如果你需要一些灵感，可以从阅读朱莉娅·卡梅伦的《创意，是一笔灵魂交易》和尼克·班托克的《魔术师的帽子》开始。

让你的孩子看着你玩，你不管是画画、阅读、跳舞、唱歌、做黏土模型、编织、刷油漆、缝纫或者是涂鸦，都可以传达一个强烈的信息：玩是我们想象力和创造力的来源，并且每个人都能做到。

■ 条理性

我们现在拥有比以前更多的存储信息的方法，然而却有越来越多的人感到自己被铺天盖地的信息淹没了。你可以运用本书中讲到的关于储存、分类和组织信息的办法来清点一下大脑里的存货。

很多人似乎已经对信息更新的速度和庞大的信息量感到麻木了。

天才们对社会的贡献是他们能看清事物的本质和他人的潜能，有能力挖掘思想的精髓，善于存储、整理和应用新观念。这使得天才熠熠生辉。

■ 记忆力

如果读完本书，你只有能力做一件事来开启孩子的天分，那就帮助他们提高记忆力吧！记忆力、智慧和天赋之间的关系是相辅相成的。提高记忆力相当于你帮助孩子培养了一项他们可以终身受用的技能。

有很多技术可以用来帮助增强记忆和学习的能力。我没在本书中提及太多增强记忆的方法，是因为很多方法可能在你打算使用时已经进行了升级。因此，你可以定期到专业网站上查询并学习使用这些工具。

■ 勇气

鼓励孩子做一些有难度的事来让他们变得强大。这句话虽然听起来有些矛盾，但也是释放孩子天赋的一个方法。

天才们通常敢于挑战普通人没有信心和能力去尝试的领域。要知道，在我们觉得有挑战性的领域里犯错并慢慢改正错误，这也是一种可以有条不紊地提升自我的方式。熟能生巧就是这个道理。

在孩子信心不足的时刻，父母要鼓励他们大胆尝试。开启孩子的天赋，最重要的是拓展孩子的思维，而不是加快孩子发展的速度。

■ 社交能力

在这些领域里,最重要的是人际关系。对大多数人而言,决定我们幸福程度的最重要因素是我们与人相处的质量。

教导孩子如何发展良好的人际关系,以及在问题出现时如何修复关系。帮助他们遵守一条人际交往的黄金准则:你希望别人如何对待你,你就要如何去对待别人。

没有人的观点会一直正确,要帮助孩子认识到这一点。天才们的想法和做法常常与众不同,这容易导致他们受人伤害,尤其是那些认为天才的想法威胁到了自己的人。帮他们认识到,欺凌和压迫后面往往隐藏着畏惧,但是不要让他们以为这是对的,或是可以接受的。人们应该被善待,包括你的孩子。

我的朋友兼同事尼尔·霍克斯非常喜欢引用《圣经》上的一句话:要想别人怎样对你,你就要怎样去对待别人。

大多数天才的顿悟来自和想法打交道,以及在大脑里拆分概念和调整思维的时候。

所以,让我对准备开启孩子天赋的你们说一句:谢谢你们和我一起走过这段旅程。我希望你们可以好好地读这本书,好好地运用里面的知识。

帮助孩子开启天赋,这里还有两件事情可以做:第一,敬畏和尊重你在自己身上发现的任何天分;第二,尽情玩耍。

致 谢
ACKNOWLEDGEMENTS

在完成本书的过程中，许多人给过我宝贵的意见。任何一本书，在一定程度上都是团队努力的结果。在悉尼的一顿午餐上，我和出色的出版团队雷克斯·芬奇、劳拉·布恩和萨马塔·麦尔斯得以见面，于是有了这本书的问世。

感谢所有花时间阅读我书稿的人！感谢维基·福勒为我带来丰富的灵感；感谢维姬·哈特利深刻的思想；感谢洛林·戴让我看到数学之美；感谢乔吉·那顿博士关于天才培养的美妙想法；感谢布伦达·霍斯金清晰而富有见解的思想；感谢彼得·维克提醒我祖父母有多么重要；感谢马克·霍拉得风趣而幽默的思想；感谢凯伦·麦克格罗博士教会我谨言慎行；感谢迪·拜尔达精练的语言和洞察力；感谢安东尼·拜尔达向我介绍刻意训练的概念以及为什么在高中时达到人生顶峰并非明智之举。你们都是我生命中的贵人！

我还想感谢约翰·霍蒂和梅尔·洛林的见解和学识。

最后我要感谢所有为本书提供深刻思想、中肯意见和丰富灵感的人，其中包括：鲍勃·贝尔豪斯、诺伊·克兰威克、玛丽·杜马、罗德·邓根、露西·福勒、山姆·福勒、尼尔·霍克斯、简·霍克斯、约翰·亨得利、保罗·伍德、特里·詹兹、内尔·琼斯、奥拉·克鲁宾斯卡·詹兹、伊恩·拉森、凯蒂·麦克纳马拉、罗恩·麦克尼尔、克里斯·麦基、辛迪·麦瑟尔、卡罗琳·梅尔、迈克尔·内格尔、拉米可·玛诺卡、彼得·奥·康纳、鲍勃·夏普利斯、莉斯·希恩、特雷·弗希恩、米歇尔·席尔瓦、海伦·斯特里特、大卫·泰森、贝特·梵·哈雷、安德鲁·维克、彼得·威尔特斯和保罗·伍德。他们中的很多人都是天才！

图书在版编目(CIP)数据

每个孩子都是天才：如何发现和鼓励孩子的天赋才能／(澳)安德烈·福勒著；莫银丽,赵静译.
— 武汉：长江少年儿童出版社,2019.6
书名原文: Unlocking Your Child's Genius: How to Discover and Encourage Your Child's Natural Talents
ISBN 978-7-5560-8703-7

Ⅰ.①每… Ⅱ.①安…②莫…③赵… Ⅲ.①学习方法－儿童教育－家庭教育 Ⅳ.①G791②G78

中国版本图书馆CIP数据核字(2018)第156678号
著作权合同登记号：图字17-2016-234

UNLOCKING YOUR CHILD'S GENIUS: HOW TO DISCOVER AND ENCOURAGE YOUR CHILD'S NATURAL TALENTS by ANDREW FULLER

Copyright © 2015 by Andrew Fuller.
Published by arrangement with Bad Apple Press Pty Ltd
through Bardon-Chinese Media Agency.
Simplified Chinese translation copyright © 2019 by Dolphin Media Co., Ltd.
ALL RIGHTS RESERVED.
本书中文简体字版权经澳洲Bad Apple Press Pty Ltd出版社授予海豚传媒股份有限公司，由长江少年儿童出版社独家出版发行。
版权所有，侵权必究。

每个孩子都是天才：如何发现和鼓励孩子的天赋才能

[澳]安德烈·福勒／著　　莫银丽　赵　静／译
责任编辑／佟　一　　陈　晶　　方云宝
装帧设计／钮　灵　　美术编辑／胡金娥
出版发行／长江少年儿童出版社
经销／全国新华书店
印刷／深圳市福圣印刷有限公司
开本／787×1092　1/16　17印张
版次／2019年6月第1版第1次印刷
书号／ISBN 978-7-5560-8703-7
定价／49.00元

策划／海豚传媒股份有限公司
网址／www.dolphinmedia.cn　邮箱／dolphinmedia@vip.163.com
阅读咨询热线／027-87391723　销售热线／027-87396822
海豚传媒常年法律顾问／湖北珞珈律师事务所　王清　027-68754966-227